나의 핸드메이드 첫걸음

# 쉽게 배우는
# 코바늘 손뜨개 무늬 123

일본보그사 편 | 배혜영 옮김 | 김영희 감수

한스미디어

# 편리한 색인
## 코바늘뜨기의 기호 일람표
찾고 있는 손뜨개 기호를 금방 찾을 수 있습니다

| | 기호 | 뜨기법의 명칭 | 쪽수 |
|---|---|---|---|
| 기본 뜨기 | ⊖ | 사슬뜨기 | 10 |
| | ● | 빼뜨기 | 10 |
| | + | 짧은뜨기 | 11 |
| | T | 긴뜨기 | 11 |
| | ₸ | 한길 긴뜨기 | 12 |
| | ₣ | 두길 긴뜨기 | 12 |
| | ₣ | 세길 긴뜨기 | 13 |
| | ₣ | 네길 긴뜨기 | 13 |
| 한코에서 줍는 뜨기(늘려뜨기) | V | 짧은 2코 늘려뜨기(한코에서) | 18 |
| | ∀ | 짧은 2코 늘려뜨기(한코에서 주워 사이에 사슬 1코 뜨기) | 18 |
| | ∀ | 짧은 2코 늘려뜨기(코아래에서 주워 사이에 사슬 1코 뜨기) | 18 |
| | ∀ | 짧은 3코 늘려뜨기 | 18 |
| | V | 긴 2코 늘려뜨기(한코에서 줍기) | 19 |
| | ∥ | 긴 2코 늘려뜨기(코아래에서 줍기) | 19 |
| | V | 긴 3코 늘려뜨기(한코에서 줍기) | 19 |
| | ∥∥ | 긴 3코 늘려뜨기(코아래에서 줍기) | 19 |
| | ∀ | 한길 긴 2코 늘려뜨기(한코에서 줍기) | 20 |
| | ∀ | 한길 긴 2코 늘려뜨기(한코에서 주워 사이에 사슬 1코 뜨기) | 20 |
| | ∀ | 한길 긴 3코 늘려뜨기(한코에서 줍기) | 20 |
| | ∥ | 한길 긴 2코 늘려뜨기(코아래에서 줍기) | 21 |
| | ∥ | 한길 긴 2코 늘려뜨기(코아래에서 주워 사이에 사슬 1코 뜨기) | 21 |
| | ∥∥ | 한길 긴 3코 늘려뜨기(코아래에서 줍기) | 21 |
| | ✣ | 한길 긴 5코 늘려뜨기(한코에서 뜨기)=솔잎뜨기 | 26 |
| | ✣ | 한길 긴 4코 늘려뜨기(한코에서 주워 사이에 사슬 1코 뜨기)=조개뜨기 | 26 |
| | ✣ | 한길 긴 4코 늘려뜨기(짧은뜨기와 같은 코에서 뜨기)=솔잎뜨기 응용 | 26 |
| 이랑뜨기·줄기뜨기·솔잎뜨기·조개뜨기 | ✣ | 한길 긴 5코 늘려뜨기(코아래에서 줍기)=솔잎뜨기 | 27 |
| | ✣ | 한길 긴 4코 늘려뜨기(코아래에서 주워 사이에 사슬 1코 뜨기)=조개뜨기 | 27 |
| | ✣ | 한길 긴 4코 늘려뜨기(짧은뜨기의 다리에서 뜨기)=솔잎뜨기 응용 | 27 |
| | ✣ | 한길 긴 6코 늘려뜨기(코아래에서 주워 사이에 사슬 2코 뜨기)=조개뜨기 | 28 |
| | ± | 짧은 이랑뜨기·줄기뜨기 | 28 |
| | T | 긴 줄기뜨기 | 28 |
| | ₸ | 한길 긴 줄기뜨기 | 28 |
| 한코로 모아뜨기 | ⋏ | 짧은 2코 모아뜨기 | 38 |
| | ⋀ | 긴 2코 모아뜨기 | 38 |
| | ⋀ | 긴 2코 모아뜨기(코아래에서 줍기) | 38 |
| | ⋏ | 한길 긴 2코 모아뜨기 | 38 |
| | ⋏ | 한길 긴 2코 모아뜨기(코아래에서 줍기) | 38 |
| | ⋏ | 짧은 3코 모아뜨기(가운데 코 뜨기) | 39 |
| | ⋏ | 짧은 3코 모아뜨기(가운데 코 건너뜨기) | 39 |
| | ⋀ | 긴 3코 모아뜨기 | 39 |
| | ⋀ | 긴 3코 모아뜨기(코아래에서 줍기) | 39 |
| | ⋏ | 한길 긴 3코 모아뜨기 | 39 |
| | ⋏ | 한길 긴 3코 모아뜨기(코아래에서 줍기) | 39 |
| | ⋏ | 한길 긴 4코 모아뜨기 | 40 |
| | ⋈ | 한길 긴 2코 구슬 2코 모아뜨기 | 40 |
| | ⋈ | 긴 3코 구슬 2코 모아뜨기 | 40 |
| | ⋏ | 한길 긴 5코 모아뜨기 | 41 |
| | ⋈ | 한길 긴 3코 구슬 2코 모아뜨기 | 41 |
| | ⋈ | 한길 긴 2코 모아뜨기 | 41 |
| 구슬뜨기 | ◯ | 긴 2코 구슬뜨기(한코에서 뜨기) | 46 |
| | ◯ | 긴 3코 구슬뜨기(한코에서 뜨기) | 46 |
| | ◯ | 한길 긴 2코 구슬뜨기(한코에서 뜨기) | 46 |
| | ◯ | 한길 긴 3코 구슬뜨기(한코에서 뜨기) | 46 |
| | ◯ | 한길 긴 5코 구슬뜨기(한코에서 뜨기) | 46 |
| | ◯ | 긴 3코 구슬뜨기(코아래에서 줍기) | 47 |
| | ◯ | 한길 긴 3코 구슬뜨기(코아래에서 줍기) | 47 |

| | | | |
|---|---|---|---|
| 구슬뜨기 | 한길 긴 5코 구슬뜨기(코아래에서 줍기) | 47 |
| | 긴 2코 변형 구슬뜨기(한코에서 뜨기) | 48 |
| | 긴 3코 변형 구슬뜨기(한코에서 뜨기) | 48 |
| | 긴 3코 변형 구슬뜨기(코아래에서 줍기) | 48 |
| | 두길 긴 5코 구슬뜨기(한코에서 뜨기) | 48 |
| | 긴 3코 구슬뜨기(짧은뜨기의 다리에서 뜨기) | 49 |
| | 한길 긴 3코 구슬뜨기(짧은뜨기의 다리에서 뜨기) | 49 |
| 팝콘뜨기 | 한길 긴 5코 팝콘뜨기(한코에서 뜨기) | 54 |
| | 두길 긴 5코 팝콘뜨기(한코에서 뜨기) | 54 |
| | 한길 긴 5코 팝콘뜨기(코아래에서 줍기) | 55 |
| | 긴 5코 팝콘뜨기(한코에서 뜨기) | 55 |
| 피코뜨기 | 피코뜨기 | 60 |
| | 빼뜨기의 피코뜨기 | 60 |
| | 빼뜨기의 피코뜨기(솔잎뜨기 가운데의 한길 긴뜨기에서 뜨기) | 60 |
| | 짧은 피코뜨기 | 61 |
| | 빼뜨기의 피코뜨기(사슬뜨기 가운데에서 뜨기) | 61 |
| | 빼뜨기의 피코뜨기(한길 긴뜨기에서 뜨기) | 61 |
| 교차뜨기 | 한길 긴 1코 교차뜨기 | 65 |
| | 한길 긴 1코 교차뜨기(사이에 사슬 1코 뜨기) | 65 |
| | 긴 1코 교차뜨기 | 65 |
| | 변형 한길 긴 1코 교차뜨기(오른코 뒤) | 66 |
| | 변형 한길 긴 1코 교차뜨기(왼코 뒤) | 66 |
| | 두길 긴 1코 교차뜨기 | 66 |
| | 변형 한길 긴 1코와 3코 교차뜨기(오른코 뒤) | 67 |
| | 변형 한길 긴 1코와 3코 교차뜨기(왼코 뒤) | 67 |
| 걸어뜨기 | 짧은 앞걸어뜨기 | 72 |
| | 긴 앞걸어뜨기 | 72 |
| | 한길 긴 앞걸어뜨기 | 72 |
| | 짧은 뒤걸어뜨기 | 73 |
| | 긴 뒤걸어뜨기 | 73 |
| | 한길 긴 뒤걸어뜨기 | 73 |
| 응용 I | 한길 긴 앞걸어 1코 교차뜨기(사이에 사슬 1코 뜨기) | 74 |
| | 한길 긴 앞걸어 2코 모아뜨기 | 74 |
| | 한길 긴 앞걸어 2코 늘려뜨기 | 75 |
| | 두길 긴 앞걸어 2코 모아뜨기 | 75 |
| | Y자뜨기 | 80 |
| | 역Y자뜨기 | 80 |
| | 한길 긴 X자뜨기 | 81 |
| | 두길 긴 X자뜨기 | 82 |
| | 삼각뜨기 | 82 |
| | 다리가 달린 한길 긴 5코 구슬뜨기 | 82 |
| | 역Y자와 Y자 조합 | 83 |
| 응용 II | 칠보뜨기 | 87 |
| | 감아뜨기 | 87 |
| | 짧은 링뜨기 | 88 |
| | 한길 긴 링뜨기 | 88 |
| | 비즈를 넣어 뜨는 방법 | 89 |
| 배색무늬와 배색실 바꾸는 방법 | 배색실 바꾸는 방법 | 94 |
| | 가로로 실을 걸치는 짧은뜨기 배색무늬 | 95 |
| | 가로로 실을 걸치는 한길 긴뜨기 배색무늬 | 96 |
| | 세로로 실을 걸치는 한길 긴뜨기 배색무늬 | 97 |
| 에징(짧은뜨기 응용) | 되돌아 짧은뜨기 | 102 |
| | 변형 되돌아 짧은뜨기(한코 줍기) | 102 |
| | 바늘 돌려서 짧은뜨기 | 103 |
| | 빼내어 바늘 돌려서 짧은뜨기 | 103 |
| | 변형 되돌아 짧은뜨기(반코 줍기) | 103 |
| | 실 돌려서 짧은뜨기 | 104 |
| 끈 | 이중사슬뜨기(빼뜨기) | 104 |
| | 이중사슬뜨기 | 104 |
| | 새우뜨기 | 105 |
| | 스레드 끈 | 105 |
| | 손가락으로 만드는 끈 | 106 |

# Contents

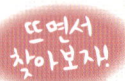 코바늘뜨기의 기호 일람표 p.2

## 기본 뜨기 p.6
### 무늬뜨기 ...7
사슬뜨기 ...10
빼뜨기 ...10
짧은뜨기 ...11
긴뜨기 ...11
한길 긴뜨기 ...12
두길 긴뜨기 ...12
세길 긴뜨기 ...13
네길 긴뜨기 ...13

## 한코에서 줍는 뜨기(늘려뜨기) p.14
### 무늬뜨기 ...15
짧은 2코 늘려뜨기(한코에서) ...18
짧은 2코 늘려뜨기(한코에서 주위 사이에 사슬 1코 뜨기) ...18
짧은 2코 늘려뜨기(코아래에서 주위 사이에 사슬 1코 뜨기) ...18
짧은 3코 늘려뜨기 ...18
긴 2코 늘려뜨기(한코에서 줍기) ...19
긴 2코 늘려뜨기(코아래에서 줍기) ...19
긴 3코 늘려뜨기(한코에서 줍기) ...19
긴 3코 늘려뜨기(코아래에서 줍기) ...19
한길 긴 2코 늘려뜨기(한코에서 줍기) ...20
한길 긴 2코 늘려뜨기(한코에서 주위 사이에 사슬 1코 뜨기) ...20
한길 긴 3코 늘려뜨기(한코에서 줍기) ...20
한길 긴 2코 늘려뜨기(코아래에서 줍기) ...21
한길 긴 2코 늘려뜨기(코아래에서 주위 사이에 사슬 1코 뜨기) ...21
한길 긴 3코 늘려뜨기(코아래에서 줍기) ...21

## 솔잎뜨기·조개뜨기·이랑뜨기·줄기뜨기 p.22
### 무늬뜨기 ...23
한길 긴 5코 늘려뜨기(한코에서 뜨기)=솔잎뜨기 ...26
한길 긴 4코 늘려뜨기(한코에서 주위 사이에 사슬 1코 뜨기)=조개뜨기 ...26
한길 긴 4코 늘려뜨기(짧은뜨기와 같은 코에서 뜨기)=솔잎뜨기 응용 ...26
한길 긴 5코 늘려뜨기(코아래에서 줍기)=솔잎뜨기 ...27
한길 긴 4코 늘려뜨기(코아래에서 주위 사이에 사슬 1코 뜨기)=조개뜨기 ...27
한길 긴 4코 늘려뜨기(짧은뜨기의 다리에서 뜨기)=솔잎뜨기 응용 ...27
한길 긴 6코 늘려뜨기(코아래에서 주위 사이에 사슬 2코 뜨기)=조개뜨기 ...28
짧은 이랑뜨기·줄기뜨기 ...28
긴 줄기뜨기 ...28
한길 긴 줄기뜨기 ...28
10~28쪽 손뜨개 기호를 사용한 무늬뜨기 ...29

## 한코로 모아뜨기 p.34
### 무늬뜨기 ...35
짧은 2코 모아뜨기 ...38
긴 2코 모아뜨기 ...38
긴 2코 모아뜨기(코아래에서 줍기) ...38
한길 긴 2코 모아뜨기 ...38
한길 긴 2코 모아뜨기(코아래에서 줍기) ...38
짧은 3코 모아뜨기(가운데 코 뜨기) ...39
짧은 3코 모아뜨기(가운데 코 건너뜨기) ...39
긴 3코 모아뜨기 ...39
긴 3코 모아뜨기(코아래에서 줍기) ...39
한길 긴 3코 모아뜨기 ...39
한길 긴 3코 모아뜨기(코아래에서 줍기) ...39
한길 긴 4코 모아뜨기 ...40
한길 긴 2코 구슬 2코 모아뜨기 ...40
긴 3코 구슬 2코 모아뜨기 ...40
한길 긴 5코 모아뜨기 ...41
한길 긴 3코 구슬 2코 모아뜨기 ...41
한길 긴 2코 모아뜨기 ...41

## 구슬뜨기 p.42
### 무늬뜨기 ...43
긴 2코 구슬뜨기(한코에서 뜨기) ...46
긴 3코 구슬뜨기(한코에서 뜨기) ...46
한길 긴 2코 구슬뜨기(한코에서 뜨기) ...46
한길 긴 3코 구슬뜨기(한코에서 뜨기) ...46
한길 긴 5코 구슬뜨기(한코에서 뜨기) ...46
긴 3코 구슬뜨기(코아래에서 줍기) ...47
한길 긴 3코 구슬뜨기(코아래에서 줍기) ...47
한길 긴 5코 구슬뜨기(코아래에서 줍기) ...47
긴 2코 변형 구슬뜨기(한코에서 뜨기) ...48
긴 3코 변형 구슬뜨기(한코에서 뜨기) ...48
긴 3코 변형 구슬뜨기(코아래에서 줍기) ...48
두길 긴 5코 구슬뜨기(한코에서 뜨기) ...48
긴 3코 구슬뜨기(짧은뜨기의 다리에서 뜨기) ...49
한길 긴 3코 구슬뜨기(짧은뜨기의 다리에서 뜨기) ...49

* 이 책에 게재된 작품을 복사해서 상점, 인터넷 옥션 등에 판매하는 것은 금지되어 있습니다. 직접 만들어보는 개인적인 취미 용도로만 이용해 주시기 바랍니다.
* 이 책에 게재된 일러스트는 일본 보그사 오리지널 작품입니다. 무단 전재는 금지되어 있습니다.

## 팝콘뜨기 p.50
### 무늬뜨기 ...51
한길 긴 5코 팝콘뜨기(한코에서 뜨기) ...54
두길 긴 5코 팝콘뜨기(한코에서 뜨기) ...54
한길 긴 5코 팝콘뜨기(코아래에서 줍기) ...55
긴 5코 팝콘뜨기(한코에서 뜨기) ...55

## 피코뜨기 p.56
### 무늬뜨기 ...57
피코뜨기 ...60
빼뜨기의 피코뜨기 ...60
빼뜨기의 피코뜨기(솔잎뜨기 가운데의 한길 긴뜨기에서 뜨기) ...60
짧은 피코뜨기 ...61
빼뜨기의 피코뜨기(사슬뜨기 가운데에서 뜨기) ...61
빼뜨기의 피코뜨기(한길 긴뜨기에서 뜨기) ...61

## 교차뜨기 p.62
### 무늬뜨기 ...63
한길 긴 1코 교차뜨기 ...65
한길 긴 1코 교차뜨기(사이에 사슬 1코 뜨기) ...65
긴 1코 교차뜨기 ...65
변형 한길 긴 1코 교차뜨기(오른코 뒤) ...66
변형 한길 긴 1코 교차뜨기(왼코 뒤) ...66
두길 긴 1코 교차뜨기 ...66
변형 한길 긴 1코와 3코 교차뜨기(오른코 뒤) ...67
변형 한길 긴 1코와 3코 교차뜨기(왼코 뒤) ...67

## 걸어뜨기 p.68
### 무늬뜨기 ...69
짧은 앞걸어뜨기 ...72
긴 앞걸어뜨기 ...72
한길 긴 앞걸어뜨기 ...72
짧은 뒤걸어뜨기 ...73
긴 뒤걸어뜨기 ...73
한길 긴 뒤걸어뜨기 ...73
한길 긴 앞걸어 1코 교차뜨기(사이에 사슬 1코 뜨기) ...74
한길 긴 앞걸어 2코 모아뜨기 ...74
한길 긴 앞걸어 2코 늘려뜨기 ...75
두길 긴 앞걸어 2코 모아뜨기 ...75

## 응용 Ⅰ p.76
### 무늬뜨기 ...77
Y자뜨기 ...80
역Y자뜨기 ...80
한길 긴 X자뜨기 ...81
두길 긴 X자뜨기 ...82
삼각뜨기 ...82
다리가 달린 한길 긴 5코 구슬뜨기 ...82
역Y자와 Y자 조합 ...83

## 응용 Ⅱ p.84
### 무늬뜨기 ...85
칠보뜨기 ...87
감아뜨기 ...87
짧은 링뜨기 ...88
한길 긴 링뜨기 ...88
비즈를 넣어 뜨는 방법 ...89

## 배색무늬와 배색실 바꾸는 방법 p.90
### 무늬뜨기 ...91
배색실 바꾸는 방법 ...94
가로로 실을 걸치는 짧은뜨기 배색무늬 ...95
가로로 실을 걸치는 한길 긴뜨기 배색무늬 ...96
세로로 실을 걸치는 한길 긴뜨기 배색무늬 ...97

## 에징: 짧은뜨기 응용 p.98
### 무늬뜨기 ...99
되돌아 짧은뜨기 ...102
변형 되돌아 짧은뜨기(한코 줍기) ...102
바늘 돌려서 짧은뜨기 ...103
빼내어 바늘 돌려서 짧은뜨기 ...103
변형 되돌아 짧은뜨기(반코 줍기) ...103
실 돌려서 짧은뜨기 ...104

## 끈 p.104
이중사슬뜨기(빼뜨기) ...104
이중사슬뜨기 ...104
새우뜨기 ...105
스레드 끈 ...105
손가락으로 만드는 끈 ...106

## 색인 p.110

# 기본뜨기

○ ● ┼ ┬ ┰ ┳ ╈

코바늘뜨기의 가장 기본이 되는 뜨기법입니다.
기본 뜨기를 다양하게 조합하면 무궁무진한 무늬가 만들어집니다.
작은 무늬부터 대담한 무늬까지, 무엇이든지 표현할 수 있습니다.

사슬뜨기
빼뜨기
짧은뜨기
긴뜨기

한길 긴뜨기
두길 긴뜨기
세길 긴뜨기
네길 긴뜨기

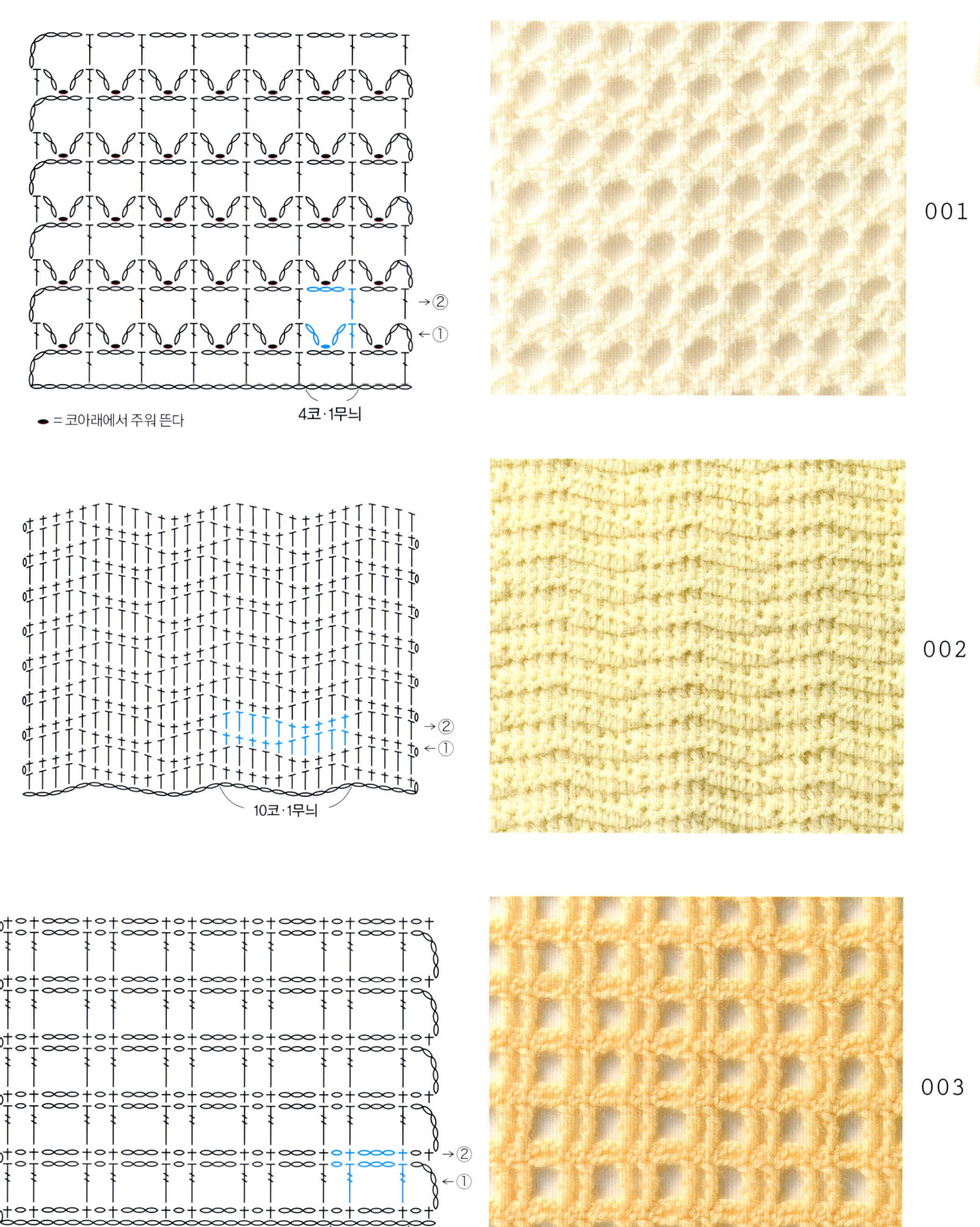

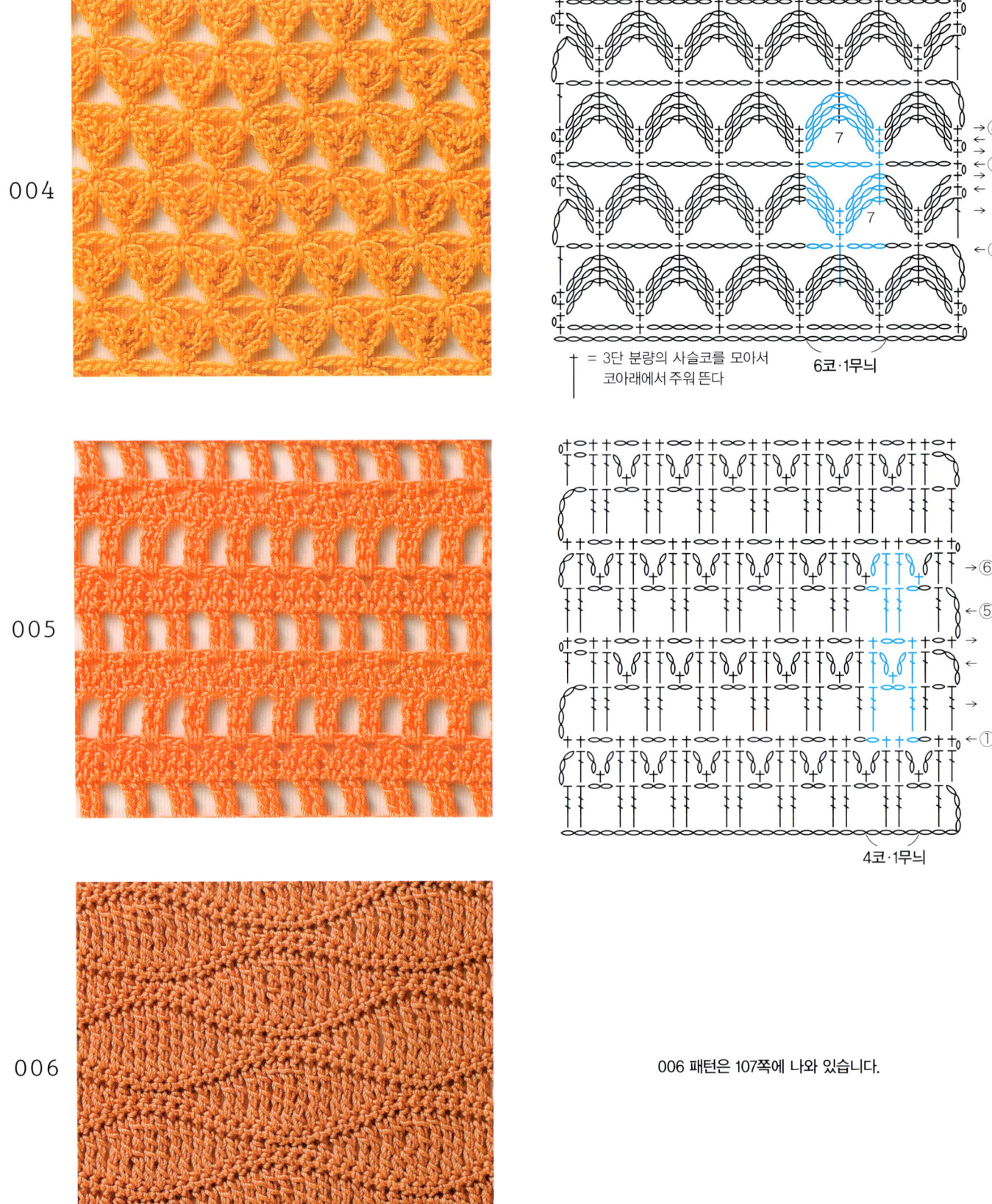

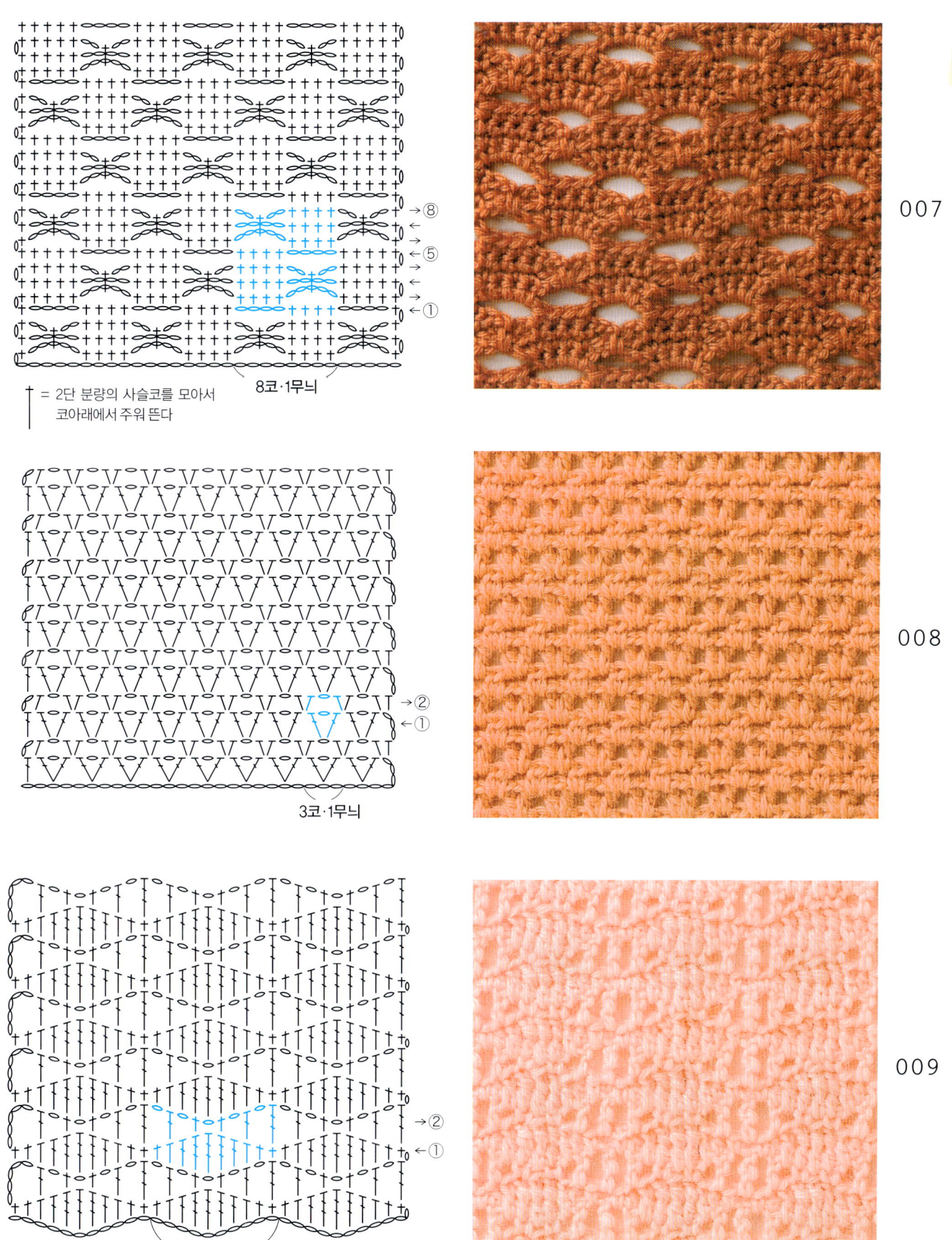

## 손뜨개 기호에 대해서

손뜨개 기호는 뜨개코의 상태를 나타내는 기호로, 일본공업규격(Japanese Industrial Standards)에서 정한 것입니다. 일반적으로는 머리글자를 따 'JIS 기호'라고 합니다. JIS 기호를 사용해 뜨개바탕을 나타낼 때는 '겉쪽에서 본 패턴'으로 표시하도록 정해져 있습니다.

이 책에서는 국내 처음으로 소개하는 뜨개 기호와 무늬를 포함해 118가지 손뜨개 기호와 그것을 응용한 123가지 무늬뜨기 방법을 설명합니다. 무늬뜨기는 한 무늬의 콧수와 단수를 파란색 선으로 표시했습니다. 한 무늬를 반복해 무늬를 연결합니다. 뜨개바탕의 크기는 실물의 80%입니다.

###  사슬뜨기

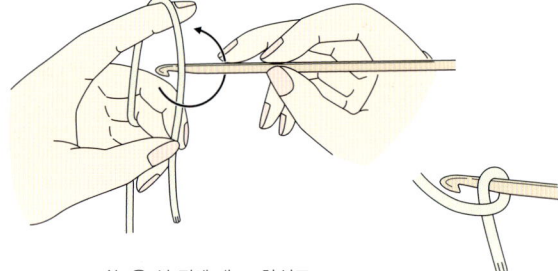

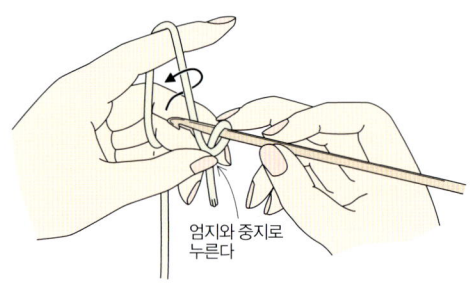

1 코바늘을 실 뒤에 대고, 화살표와 같이 1번 돌려서 코바늘에 실을 감습니다.

2 실의 교차점을 왼손의 엄지와 중지로 누르고, 코바늘을 화살표와 같이 움직여서 실을 겁니다. (엄지와 중지로 누른다)

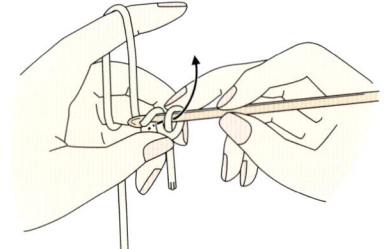

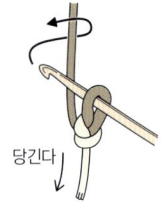

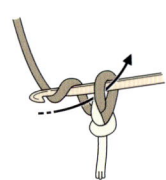

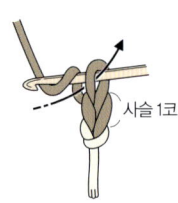

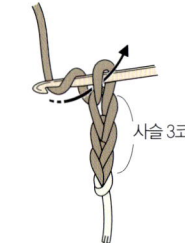

3 실 고리(루프) 안으로 실을 빼냅니다.

4 실 끝을 당겨서 고리를 조입니다. 이 코는 기초코의 콧수에는 포함되지 않습니다. 화살표와 같이 코바늘에 실을 걸고, (당긴다)

5 실 고리 안으로 실을 빼냅니다.

6 이어서 '코바늘에 실을 걸고, 실 고리 안으로 실을 빼내는' 과정을 반복합니다. (사슬 1코)

7 3코를 뜬 모습입니다. (사슬 3코)

###  빼뜨기

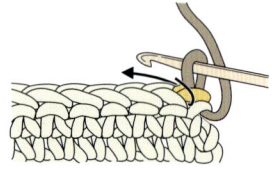

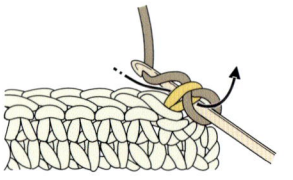

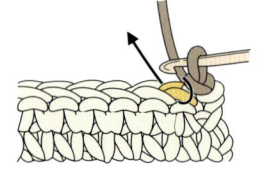

1 앞단의 머리(실 2가닥)에 화살표와 같이 코바늘을 넣습니다.

2 코바늘에 실을 걸고, 화살표와 같이 실을 빼냅니다.

3 2코째도 앞단의 머리(실 2가닥)에 코바늘을 넣어 실을 걸고 빼냅니다.

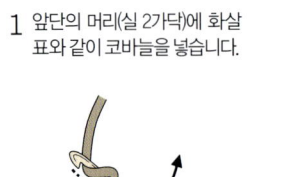

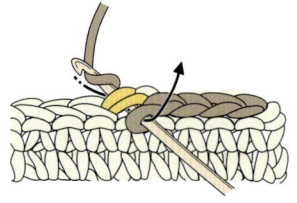

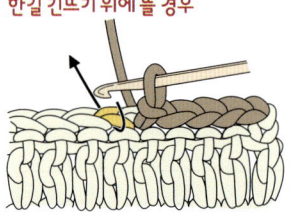

4 이후 똑같이 앞단의 머리(실 2가닥)에 코바늘을 넣고 실을 빼냅니다.

**한길 긴뜨기 위에 뜰 경우**

앞단이 한길 긴뜨기일 때도 똑같이 머리(실 2가닥)에 코바늘을 넣습니다.

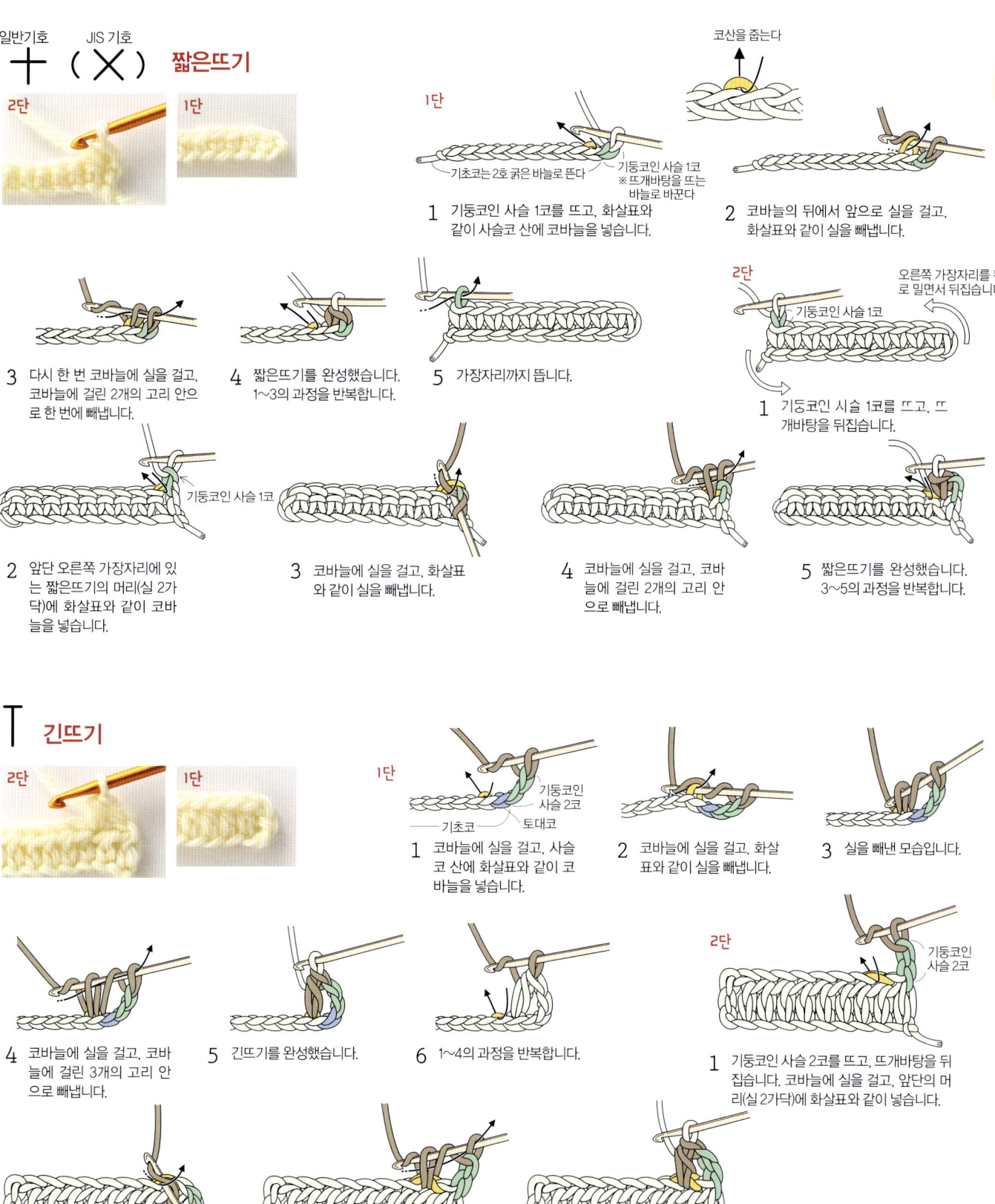

## 한길 긴뜨기

2단

1단

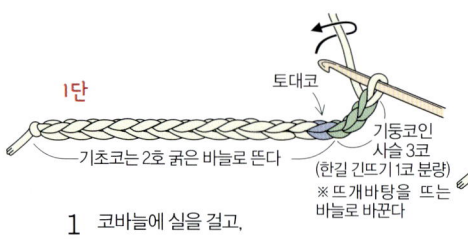

1. 코바늘에 실을 걸고, 기초코는 2호 굵은 바늘로 뜬다 (한길 긴뜨기 1코 분량) ※뜨개바탕을 뜨는 바늘로 바꾼다

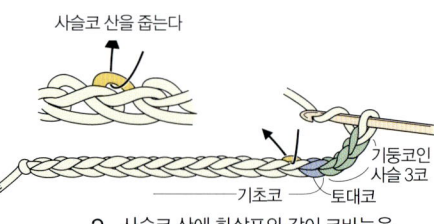

2. 사슬코 산에 화살표와 같이 코바늘을 넣습니다.

3. 코바늘에 실을 걸고, 화살표와 같이 실을 빼냅니다.

4. 코바늘에 실을 걸고, 바늘 끝에 걸린 2개의 고리 안으로 실을 빼냅니다.

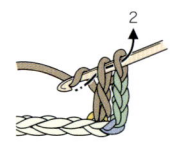

5. 다시 한 번 코바늘에 실을 걸고, 바늘 끝에 걸린 2개의 고리 안으로 한번에 빼냅니다.

6. 한길 긴뜨기를 완성했습니다.

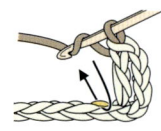

7. 1~5의 과정을 반복합니다.

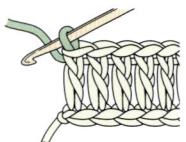

8. 가장자리까지 뜹니다. 기둥코인 사슬 3코를 뜨고, 뜨개바탕을 뒤집습니다.

### 2단

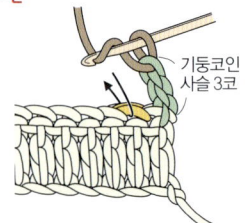

1. 코바늘에 실을 걸고, 앞단의 머리(실 2가닥)에 화살표와 같이 코바늘을 넣습니다. 기둥코인 사슬 3코

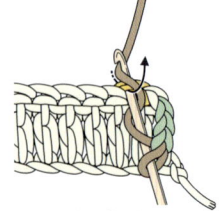

2. 코바늘에 실을 걸고, 화살표와 같이 실을 빼냅니다.

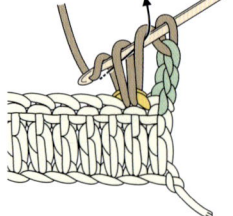

3. 코바늘에 실을 걸고, 바늘 끝에 걸린 2개의 고리 안으로 실을 빼냅니다.

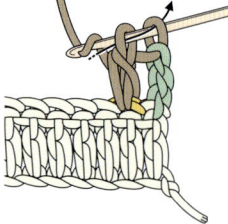

4. 코바늘에 실을 걸고, 코바늘에 남은 2개의 고리 안으로 한번에 빼냅니다.

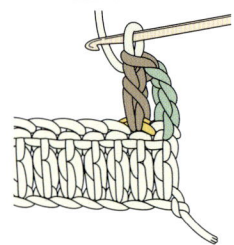

5. 한길 긴뜨기를 완성했습니다. 1~4의 과정을 반복합니다.

## 두길 긴뜨기

2단  1단

### 1단

1. 코바늘에 실을 2번 감고, 사슬코 산에 화살표와 같이 코바늘을 넣습니다. 기둥코인 사슬 4코, 2번 감는다

2. 코바늘에 실을 걸고, 화살표와 같이 실을 빼냅니다.

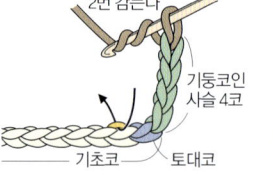

3. 실을 빼낸 모습입니다.

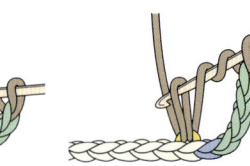

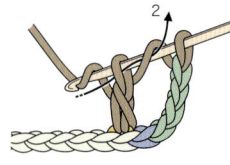

4. 코바늘에 실을 걸고, 바늘 끝에 걸린 2개의 고리 안으로 화살표와 같이 실을 빼냅니다.

5. 다시 한 번 코바늘에 실을 걸고, 바늘 끝에 걸린 2개의 고리 안으로 빼냅니다.

6. 다시 한 번 코바늘에 실을 걸고, 코바늘에 걸린 2개의 고리 안으로 한번에 빼냅니다.

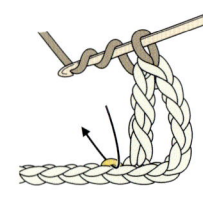

7. 두길 긴뜨기를 완성했습니다.

8. 1~6의 과정을 반복해 가장자리까지 뜨면 기둥코인 사슬 4코를 뜨고, 뜨개바탕을 뒤집습니다.

### 2단

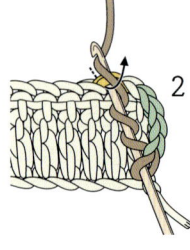

1. 코바늘에 실을 2번 감고, 앞단의 머리(실 2가닥)에 화살표와 같이 코바늘을 넣습니다. 기둥코인 사슬 4코

2. 코바늘에 실을 걸고, 화살표와 같이 실을 빼냅니다.

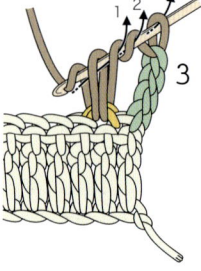

3. 코바늘에 실을 걸고, 바늘 끝에 걸린 2개의 고리 안으로 실을 빼냅니다(2번 반복). 다시 한 번, 빼낸 코와 남은 1개의 고리 안으로 빼냅니다.

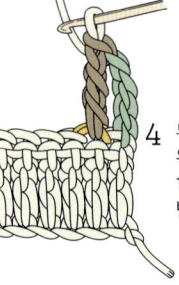

4. 두길 긴뜨기를 완성했습니다. 1~3의 과정을 반복합니다.

## 세길 긴뜨기

2단 / 1단

### 1단

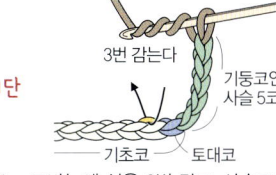

1  코바늘에 실을 3번 감고, 사슬코 산에 코바늘을 넣습니다.

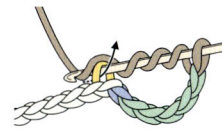

2  코바늘에 실을 걸고, 화살표와 같이 실을 빼냅니다.

3  코바늘에 실을 걸고, 바늘 끝에 걸린 2개의 고리 안으로 실을 빼냅니다.

4  다시 한 번 코바늘에 실을 걸고, 빼낸 코와 그다음에 걸린 1개의 고리 안으로 실을 빼냅니다(2번 반복).

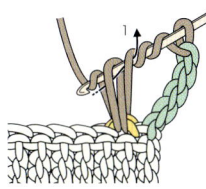

5  다시 한 번 코바늘에 실을 걸고 빼낸 코와 남은 1개의 고리 안으로 빼냅니다.

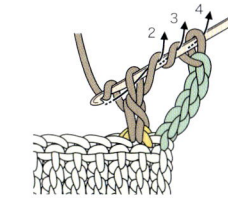

6  세길 긴뜨기를 완성했습니다.

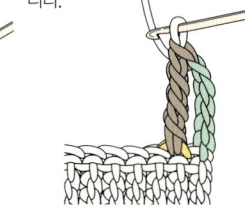

7  1~5의 과정을 반복해 가장자리까지 뜨면 기둥코인 사슬 5코를 뜨고, 뜨개바탕을 뒤집습니다.

### 2단

1  코바늘에 실을 3번 감고, 앞단의 머리(실 2가닥)에 화살표와 같이 코바늘을 넣습니다.

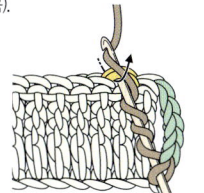

2  코바늘에 실을 걸고 빼냅니다.

3  코바늘에 실을 걸고, 바늘 끝에 걸린 2개의 고리 안으로 실을 빼냅니다.

4  코바늘에 실을 걸고, 빼낸 코와 그다음에 걸린 1개의 고리 안으로 실을 빼냅니다(2번 반복). 다시 한 번, 빼낸 코와 남은 1개의 고리 안으로 빼냅니다.

5  세길 긴뜨기를 완성했습니다. 1~4의 과정을 반복합니다.

## 네길 긴뜨기

2단 / 1단

### 1단

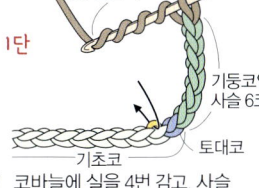

1  코바늘에 실을 4번 감고, 사슬코 산에 화살표와 같이 코바늘을 넣습니다.

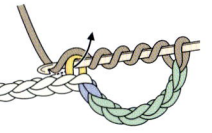

2  코바늘에 실을 걸고, 화살표와 같이 실을 빼냅니다.

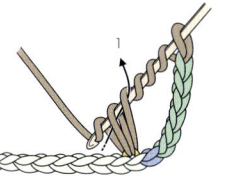

3  코바늘에 실을 걸고, 바늘 끝에 걸린 2개의 고리 안으로 실을 빼냅니다.

4  다시 한 번 코바늘에 실을 걸고, 빼낸 코와 그다음에 걸린 1개의 고리 안으로 실을 빼냅니다(3번 반복).

5  다시 한 번, 빼낸 코와 남은 1개의 고리 안으로 빼냅니다.

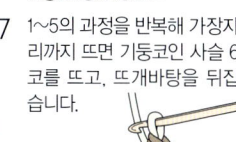

6  네길 긴뜨기를 완성했습니다.

7  1~5의 과정을 반복해 가장자리까지 뜨면 기둥코인 사슬 6코를 뜨고, 뜨개바탕을 뒤집습니다.

### 2단

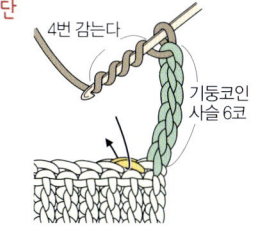

1  코바늘에 실을 4번 감고, 앞단의 머리(실 2가닥)에 화살표와 같이 코바늘을 넣습니다.

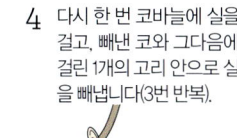

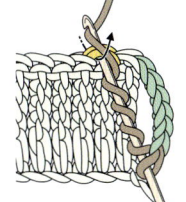

2  코바늘에 실을 걸고, 화살표와 같이 실을 빼냅니다.

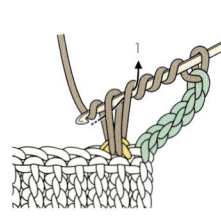

3  코바늘에 실을 걸고, 바늘 끝에 걸린 2개의 고리 안으로 실을 빼냅니다.

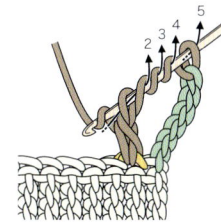

4  코바늘에 실을 걸고, 빼낸 코와 그다음에 걸린 1개의 고리 안으로 실을 빼냅니다(3번 반복). 다시 한 번, 빼낸 코와 남은 1개의 고리 안으로 빼냅니다.

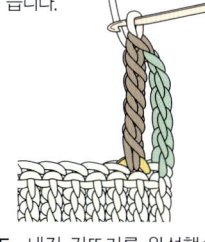

5  네길 긴뜨기를 완성했습니다. 1~4의 과정을 반복합니다.

기본뜨기

# 한코에서 줍는 뜨기(늘려뜨기)

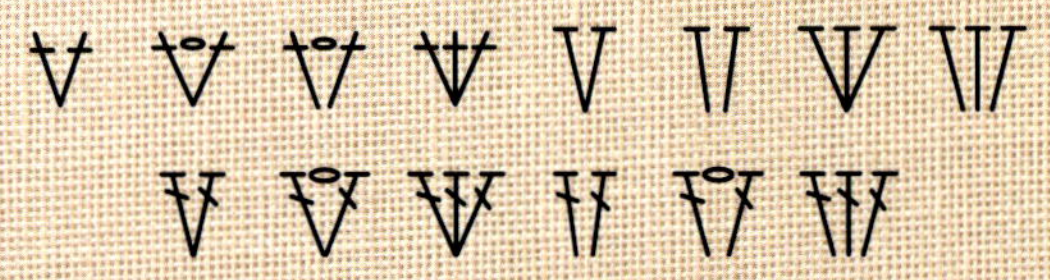

앞단의 한코에서 2코 이상을 떠내는 방법입니다.
한코에 여러 코를 떠넣기 때문에 콧수가 늘어납니다.
무늬뜨기에서는 '건너뜨기'나 '한코로 모아뜨기'와
조합하는 경우가 많습니다.

짧은 2코 늘려뜨기
짧은 3코 늘려뜨기
긴 2코 늘려뜨기
긴 3코 늘려뜨기

한길 긴 2코 늘려뜨기
한길 긴 2코 늘려뜨기
(사이에 사슬 1코 뜨기)
한길 긴 3코 늘려뜨기

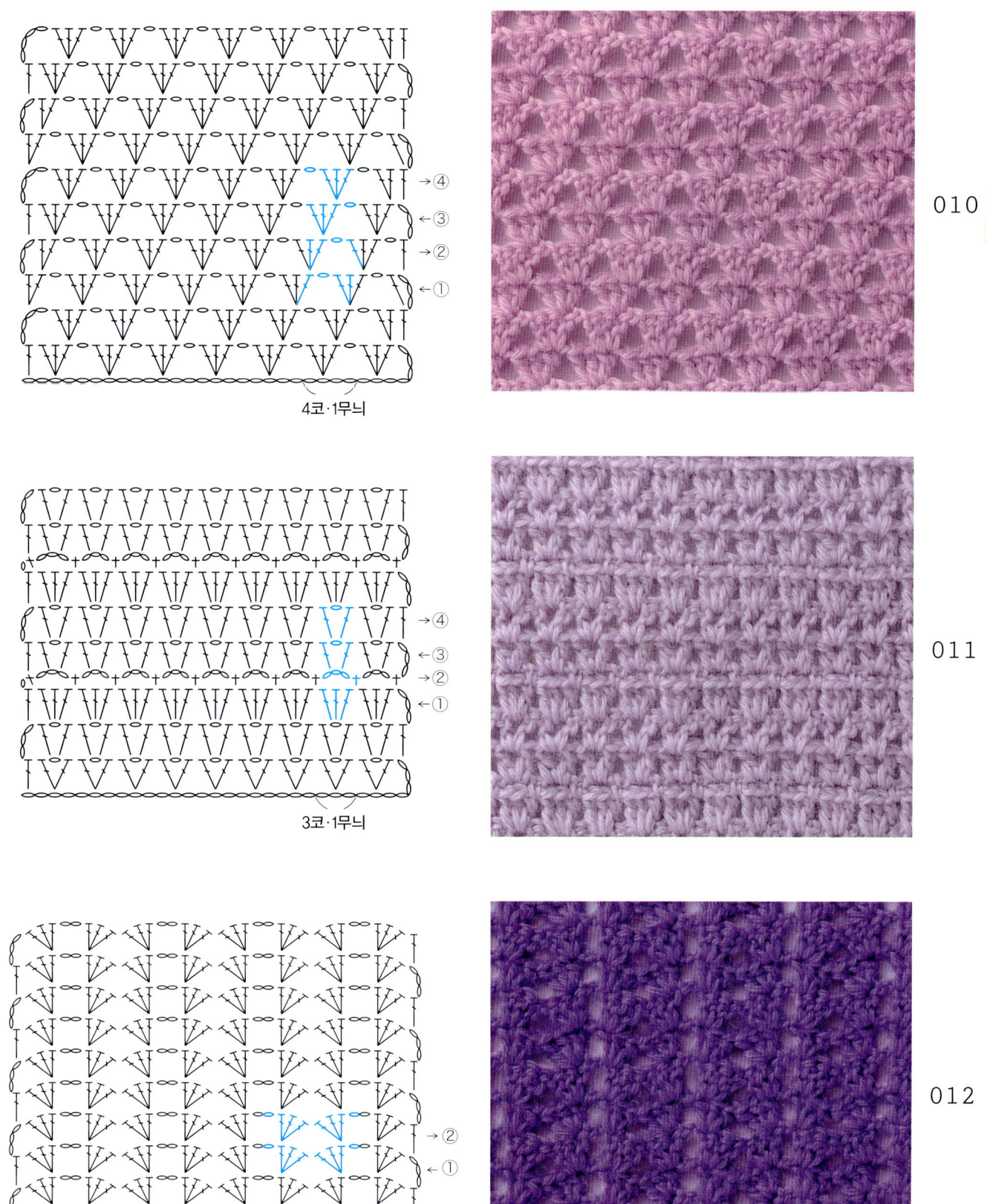

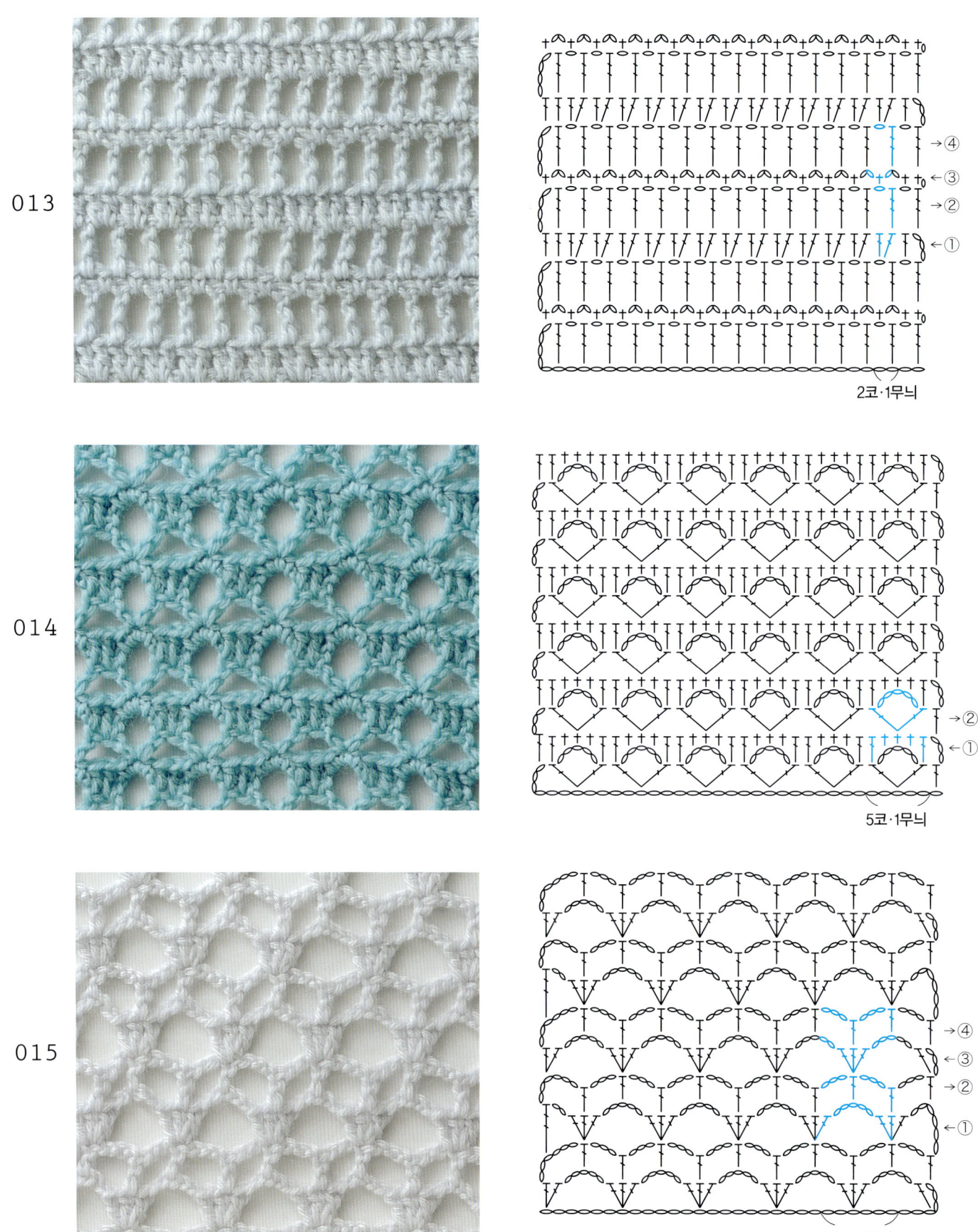

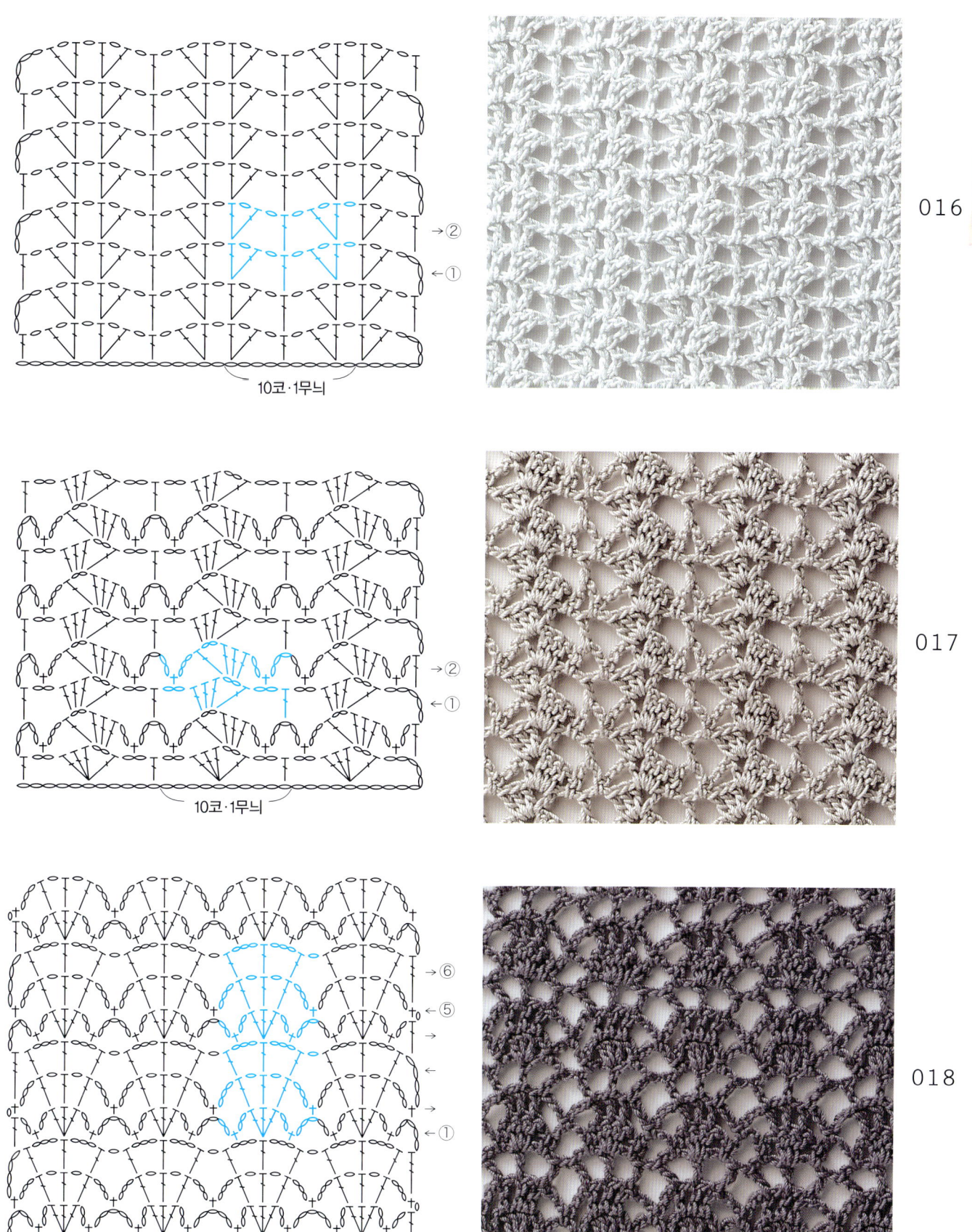

**짧은 2코 늘려뜨기**

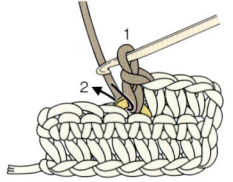

1 앞단의 머리(실 2가닥)에 짧은뜨기 1코를 뜹니다.

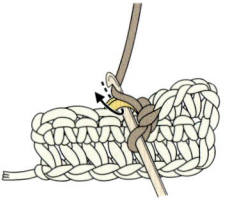

2 같은 코의 머리(실 2가닥)에 다시 한 번 코바늘을 넣고 코바늘에 실을 걸어 빼냅니다.

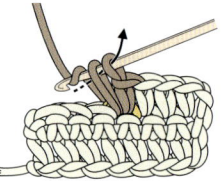

3 코바늘에 실을 걸고, 코바늘에 걸린 2개의 고리 안으로 빼냅니다.

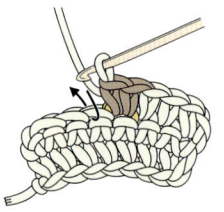

4 이로써 한코에 짧은뜨기 2코를 떠넣었습니다.

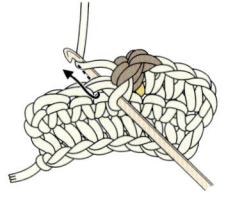

5 다음은 앞단의 머리(실 2가닥)에 짧은뜨기를 뜹니다.

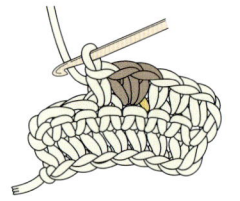

6 한코에 2코를 떠넣으면 폭이 약간 넓어집니다.

 **짧은 2코 늘려뜨기**

한코에서 주워 사이에 사슬 1코 뜨기

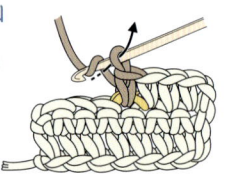

1 앞단의 머리(실 2가닥)에 짧은뜨기 1코를 뜨고 이어서 사슬 1코를 뜹니다.

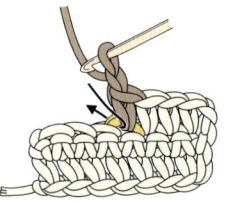

2 같은 코에 다시 한 번 코바늘을 넣습니다.

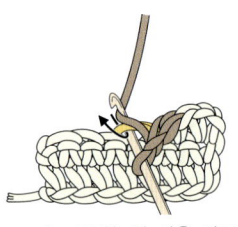

3 코바늘에 실을 걸고 빼내어

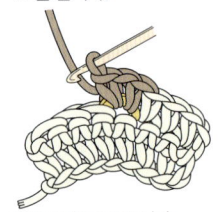

4 짧은뜨기 1코를 뜹니다.

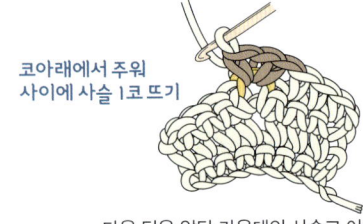

코아래에서 주워 사이에 사슬 1코 뜨기

다음 단은 앞단 가운데의 사슬코 아래쪽 공간에 코바늘을 넣은 뒤(코아래에서 줍는다) 실을 걸고 빼내어 짧은뜨기를 뜹니다.

 **짧은 3코 늘려뜨기**

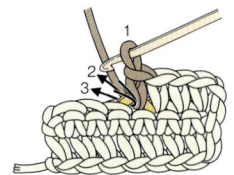

1 앞단의 머리(실 2가닥)에 짧은뜨기 1코를 뜹니다.

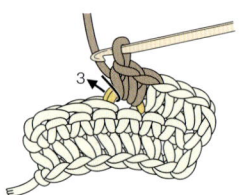

2 같은 코에 짧은뜨기 1코를 더 뜹니다.

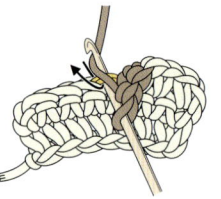

3 다시 한 번 같은 코에 코바늘을 넣어 짧은뜨기를 뜹니다.

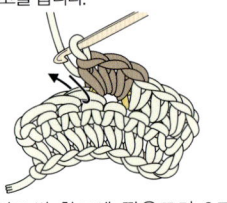

4 이로써 한코에 짧은뜨기 3코를 떠넣었습니다.

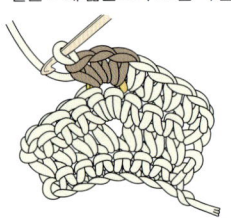

5 다음 단은 앞단에서 떠넣은 3코의 가운데 코에 짧은뜨기 3코를 뜹니다.

## ∨∨ 긴 2코 늘려뜨기

**한코에서 줍기**

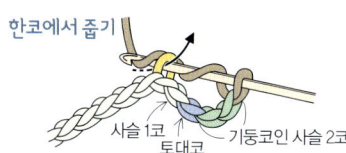

1 코바늘에 실을 건 뒤, 사슬코 산에 코바늘을 넣고 실을 빼냅니다.

2 코바늘에 실을 걸고, 코바늘에 걸린 3개의 고리 안으로 빼냅니다(긴뜨기 완성).

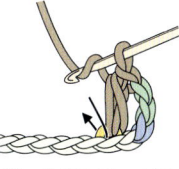

3 코바늘에 실을 걸고, 같은 코에 코바늘을 넣습니다.

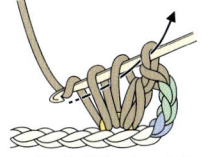

4 코바늘에 실을 걸고 빼냅니다. 다시 고비늘에 실을 걸고, 고비늘에 걸린 3개의 고리 안으로 실을 빼냅니다.

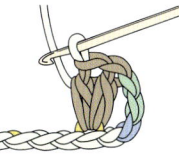

5 이로써 한코에 긴뜨기 2고를 띠넣었습니다.

**코아래에서 줍기**

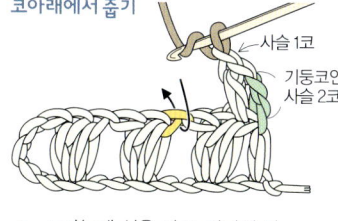

1 코바늘에 실을 걸고, 앞단의 사슬뜨기 아래쪽 공간에 코바늘을 넣습니다(코아래에서 줍는다).

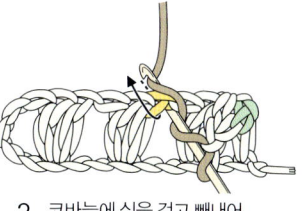

2 코바늘에 실을 걸고 빼내어

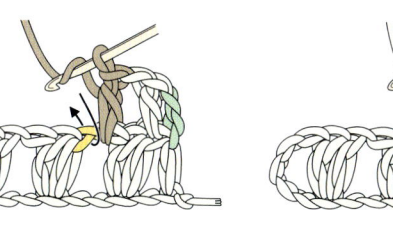

3 긴뜨기를 뜹니다. 다시 한 번 첫 번째 코와 같은 공간에 긴뜨기 1코를 띠넣습니다.

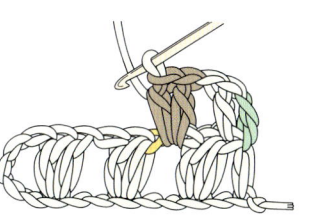

4 이로써 코아래에서 긴뜨기 2코를 띠넣었습니다.

## ∨∨∨ 긴 3코 늘려뜨기

**한코에서 줍기**

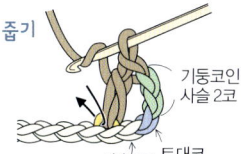

1 사슬코 산에 긴뜨기 1코를 뜨고, 코바늘에 실을 겁니다.

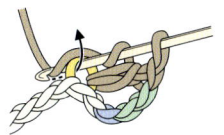

2 같은 코에 코바늘을 넣고 긴뜨기 1코를 뜹니다.

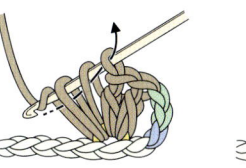

3 코바늘에 실을 걸고, 다시 한 번 같은 코에 코바늘을 넣어 긴뜨기 1코를 뜹니다.

4 이로써 한코에 긴뜨기 3코를 띠넣었습니다.

**코아래에서 줍기**

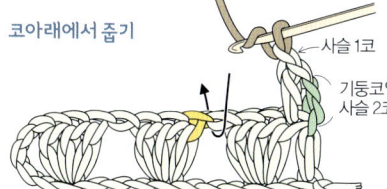

1 코바늘에 실을 걸고, 앞단의 사슬뜨기 아래쪽 공간에 코바늘을 넣습니다(코아래에서 줍는다).

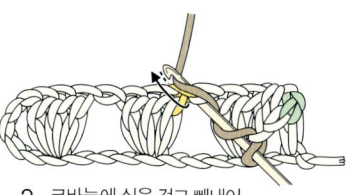

2 코바늘에 실을 걸고 빼내어

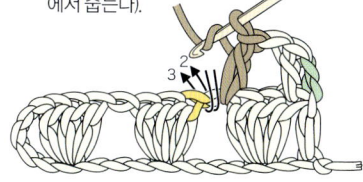

3 긴뜨기를 뜹니다. 다시 한 번 첫 번째 코와 같은 공간에 긴뜨기를 2코를 띠넣습니다.

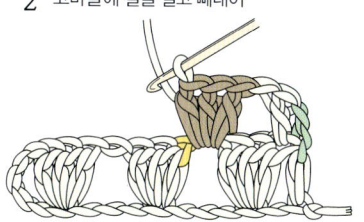

4 이로써 코아래에서 긴뜨기 3코를 띠넣었습니다.

## 한길 긴 2코 늘려뜨기

**한코에서 줍기**

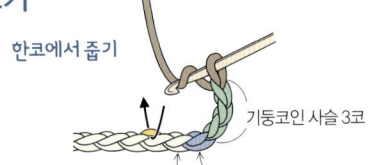

1. 코바늘에 실을 걸고, 사슬코 산에 코바늘을 넣어

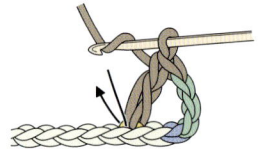

2. 한길 긴뜨기 1코를 뜹니다. 코바늘에 실을 걸고, 같은 코에 코바늘을 넣어

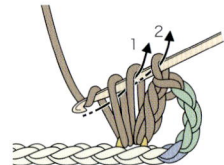

3. 2코째 한길 긴뜨기를 뜹니다.

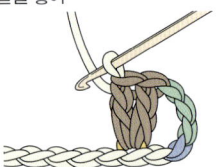

4. 이로써 한코에 한길 긴뜨기 2코를 떠넣었습니다.

 ## 한길 긴 2코 늘려뜨기

**한코에서 주워 사이에 사슬 1코 뜨기**

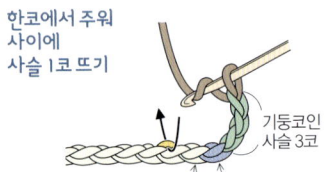

1. 코바늘에 실을 걸고, 사슬코 산에 코바늘을 넣어

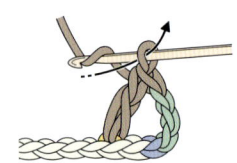

2. 한길 긴뜨기를 뜨고 이어서 사슬 1코를 뜹니다.

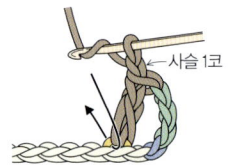

3. 코바늘에 실을 걸고, 같은 코에 코바늘을 넣어

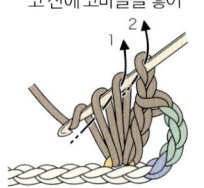

4. 한길 긴뜨기를 뜹니다.

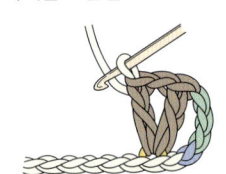

5. 이로써 한코에 한길 긴뜨기 2코를 떠넣었습니다.

 ## 한길 긴 3코 늘려뜨기

**한코에서 줍기**

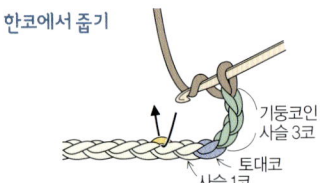

1. 코바늘에 실을 걸고, 사슬코 산에 코바늘을 넣습니다.

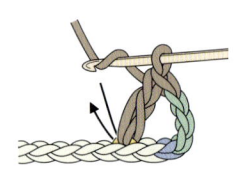

2. 한길 긴뜨기를 뜨고. 코바늘에 실을 걸어

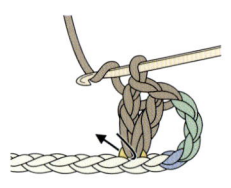

3. 다음 코도 같은 코에 한길 긴뜨기를 뜹니다. 코바늘에 실을 걸고, 같은 코에 코바늘을 넣어

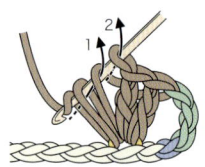

4. 3코째 한길 긴뜨기를 뜹니다.

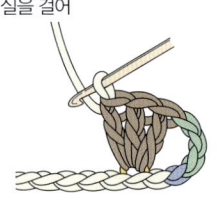

5. 이로써 한코에 한길 긴뜨기 3코를 떠넣었습니다.

## 한길 긴 2코 늘려뜨기

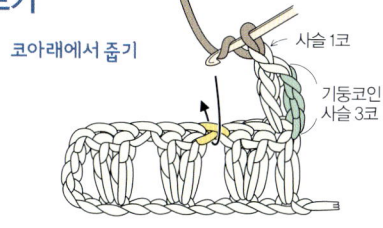

**코아래에서 줍기**

1 코바늘에 실을 걸고, 앞단의 사슬뜨기 아래쪽 공간에 코바늘을 넣습니다(코아래에서 줍는다).

2 코바늘에 실을 걸고 빼내어 한길 긴뜨기 1코를 뜹니다.

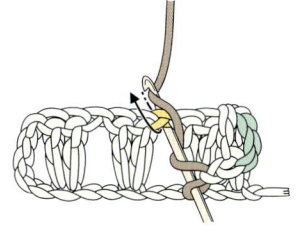

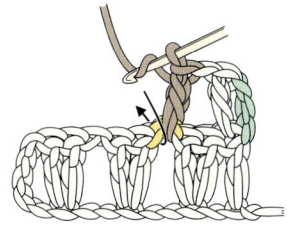

3 코바늘에 실을 걸고, 같은 사슬뜨기 아래쪽 공간에 코바늘을 넣어(코아래에서 줍는다) 한길 긴뜨기 1코를 뜹니다.

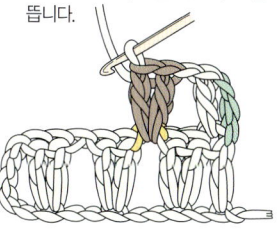

4 이로써 코아래에서 한길 긴뜨기 2코를 떠넣었습니다.

한 코 에 서 줍 는 뜨 기 (늘 려 뜨 기)

## 한길 긴 2코 늘려뜨기

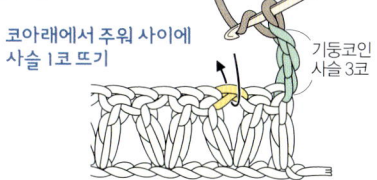

**코아래에서 주워 사이에 사슬 1코 뜨기**

1 코바늘에 실을 걸고, 앞단의 사슬뜨기 아래쪽 공간에 코바늘을 넣습니다(코아래에서 줍는다).

2 코바늘에 실을 걸고 빼냅니다.

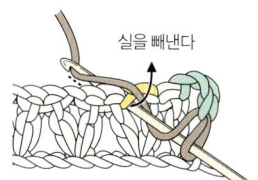

3 한길 긴뜨기를 뜬 뒤, 사슬 1코를 뜹니다.

4 2코째도 코바늘에 실을 걸고, 같은 사슬뜨기 아래쪽 공간에 코바늘을 넣어(코아래에서 줍는다) 한길 긴뜨기를 뜹니다.

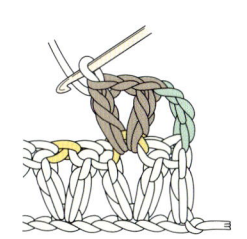

5 이로써 한코에 한길 긴뜨기 2코를 떠넣었습니다.

## 한길 긴 3코 늘려뜨기

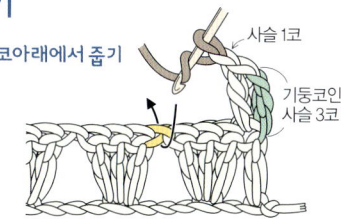

**코아래에서 줍기**

1 코바늘에 실을 걸고, 앞단의 사슬뜨기 아래쪽 공간에 코바늘을 넣습니다(코아래에서 줍는다).

2 코바늘에 실을 걸고 빼내어

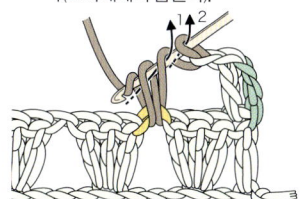

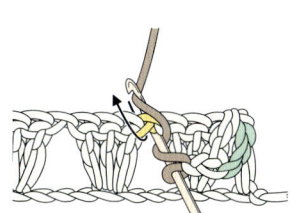

3 한길 긴뜨기를 뜹니다.

4 코바늘에 실을 걸고, 같은 사슬뜨기 아래쪽 공간에 코바늘을 넣어(코아래에서 줍는다) 한길 긴뜨기 2코를 뜹니다.

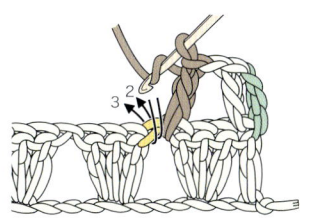

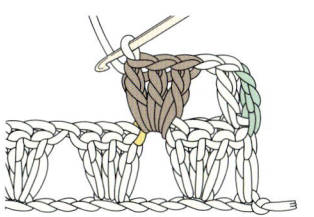

5 이로써 한길 긴뜨기 3코를 떠넣었습니다.

# 솔잎뜨기 · 조개뜨기
# 이랑뜨기 · 줄기뜨기

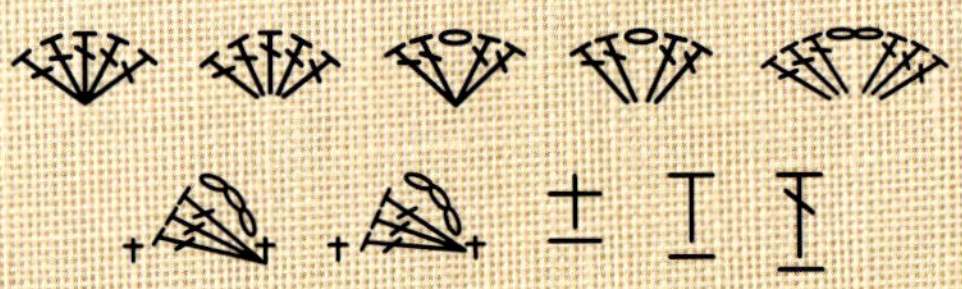

솔잎뜨기와 조개뜨기는 앞단의 한코에서 4코 이상을 떠내는 방법입니다. 한코 또는 한코의 아래쪽 공간에 여러 코를 떠넣기 때문에 뜨개코가 소나무 가지나 조개처럼 보입니다.

이랑뜨기와 줄기뜨기는 앞단의 코에서 오른쪽 또는 왼쪽의 사슬 반코를 주워 뜨는 방법입니다. 뜨개바탕에 입체감이 납니다.

한길 긴 5코 늘려뜨기=솔잎뜨기
한길 긴 4코 늘려뜨기
(사이에 사슬 1코 뜨기)=조개뜨기
한길 긴 6코 늘려뜨기
(사이에 사슬 2코 뜨기)=조개뜨기

한길 긴 4코 늘려뜨기(짧은뜨기와 같은 코에 뜨기)=솔잎뜨기의 응용
한길 긴 4코 늘려뜨기(짧은뜨기의 다리에 뜨기)=솔잎뜨기의 응용
짧은 이랑뜨기 · 줄기뜨기
긴 줄기뜨기
한길 긴 줄기뜨기

022

022 패턴은 108쪽에 나와 있습니다.

023

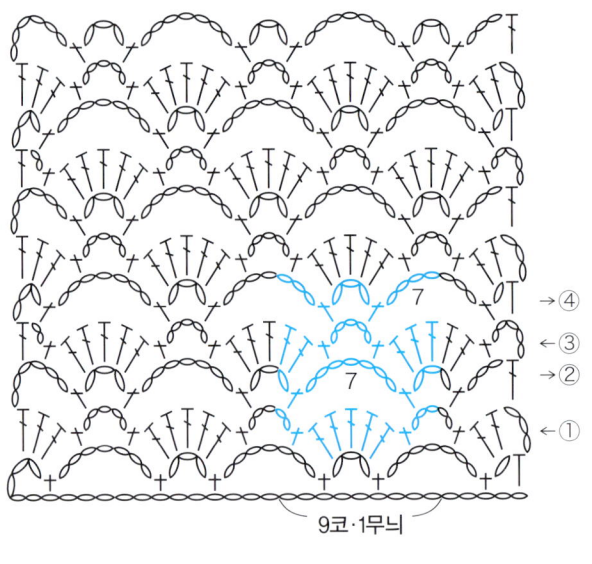

9코·1무늬

024

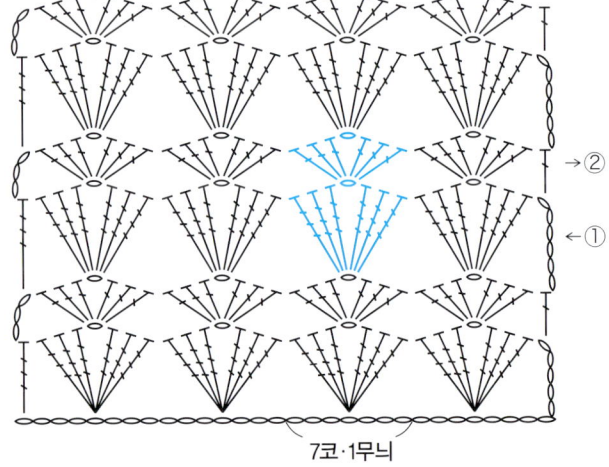

7코·1무늬

 ## 한길 긴 5코 늘려뜨기=솔잎뜨기

한코에서 뜨기 1단

1  코바늘에 실을 걸고, 사슬코 산에 코바늘을 넣어

2  코바늘에 실을 걸고 빼냅니다.

3  코바늘에 실을 걸고, 바늘 끝에 걸린 2개의 고리 안으로 실을 빼냅니다.

4  코바늘에 실을 걸고, 코바늘에 걸린 2개의 고리 안으로 실을 빼냅니다.

5  같은 코에 한길 긴 뜨기를 4코 더 떠 넣습니다.

2단

 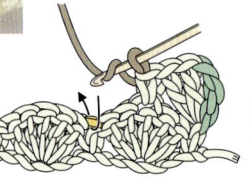 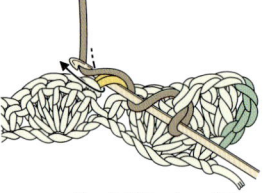  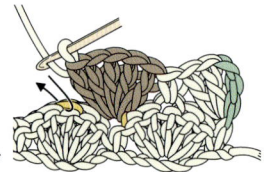

6  이로써 한코에 한길 긴뜨기 5코를 떠넣었습니다.

7  다음 단은 코바늘에 실을 걸고, 앞단 짧은뜨기의 머리(실 2가닥)에 코바늘을 넣습니다.

8  코바늘에 실을 걸고 빼냅니다.

9  한길 긴뜨기를 뜹니다. 같은 코에 한길 긴뜨기를 4코 더 떠넣습니다.

10  이로써 한코에 한길 긴뜨기 5코를 떠넣었습니다.

 ## 한길 긴 4코 늘려뜨기=조개뜨기

 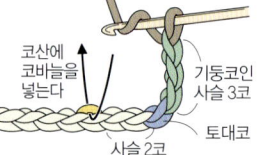 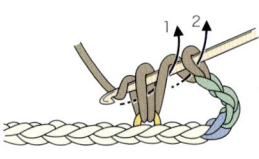 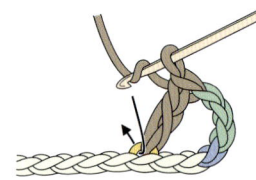

1  코바늘에 실을 걸고, 사슬코 산에 코바늘을 넣습니다.

2  실을 빼내 한길 긴뜨기 1코를 뜹니다.

3  같은 코에 한길 긴뜨기를 1코 더 떠넣습니다.

 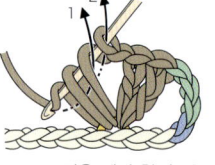 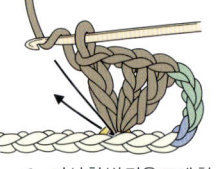 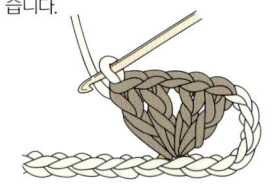

4  사슬 1코를 뜹니다. 코바늘에 실을 걸고, 같은 코산에 코바늘을 넣습니다.

5  실을 빼내 한길 긴뜨기 1코를 뜹니다.

6  다시한번 같은 코에 한길 긴뜨기 1코 뜹니다.

7  이로써 한코에 한길 긴뜨기 4코를 떠넣었습니다.

 ## 한길 긴 3코 늘려뜨기=솔잎뜨기 응용

 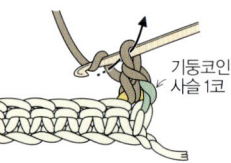 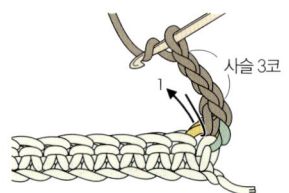 

1  짧은뜨기 1코를 뜨고, 코바늘에 실을 걸어

2  사슬뜨기 3코를 뜹니다. 코바늘에 실을 걸고, 짧은뜨기와 같은 코에 코바늘을 넣습니다.

3  코바늘에 실을 걸고 빼내어

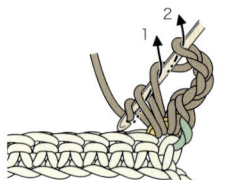 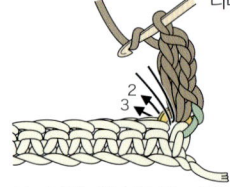 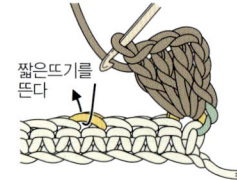 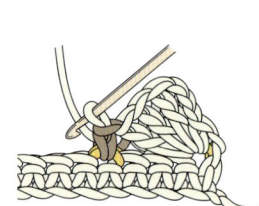

4  한길 긴뜨기 1코를 뜹니다.

5  코바늘에 실을 걸고, 같은 코에 코바늘을 넣어 한길 긴뜨기 2코 더 뜹니다.

6  3코를 건너뛰고 앞단의 4번째 코에 짧은뜨기를 뜹니다.

7  짧은뜨기를 뜬 모습입니다.

 ## 한길 긴 5코 늘려뜨기=솔잎뜨기

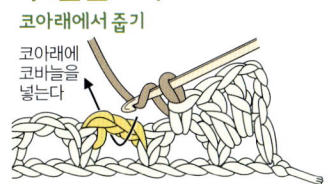
1 코바늘에 실을 걸고, 앞단의 사슬코 아래쪽 공간에 코바늘을 넣습니다.

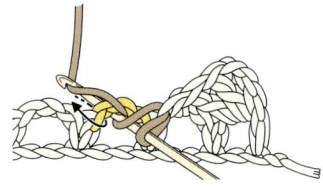
2 코바늘에 실을 걸고 빼내어

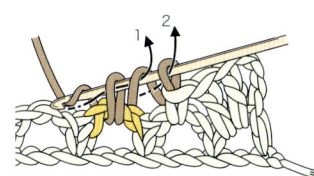
3 한길 긴뜨기 1코를 뜹니다.

4 코바늘에 실을 걸고, 같은 공간에 한길 긴뜨기를 4코 더 뜹니다.

5 이로써 한길 긴뜨기 5코를 떠넣었습니다.

6 다음 짧은뜨기 1코도 코아래에서 수워 뜹니다.

 ## 한길 긴 4코 늘려뜨기=조개뜨기

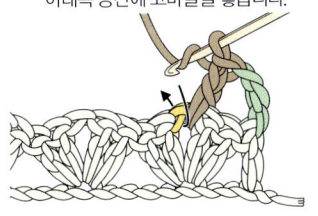
1 코바늘에 실을 걸고, 앞단의 사슬코 아래쪽 공간에 코바늘을 넣습니다.

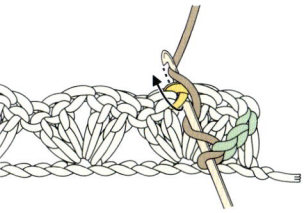
2 코바늘에 실을 걸고 빼내어

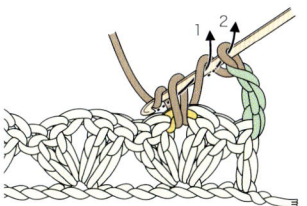
3 한길 긴뜨기 1코를 뜹니다.

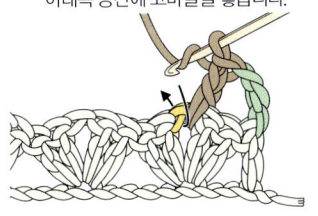
4 같은 사슬코 아래쪽 공간에 한길 긴뜨기를 1코 더 떠넣습니다.

5 사슬 1코를 뜹니다.

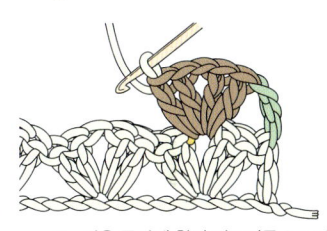
6 같은 공간에 한길 긴뜨기를 2코 더 떠넣습니다. 이로써 한코에 한길 긴뜨기 4코를 떠넣었습니다.

 ## 한길 긴 3코 늘려뜨기=솔잎뜨기 응용

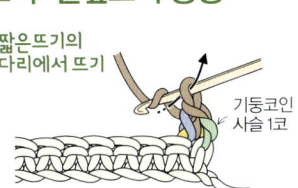
1 짧은뜨기 1코를 뜨고, 코바늘에 실을 걸어

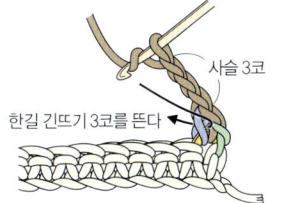
2 사슬뜨기 3코를 뜹니다. 코바늘에 실을 걸고, 짧은뜨기의 다리에 코바늘을 넣습니다.

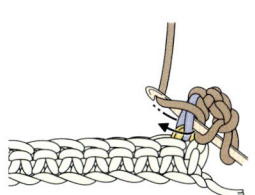
3 코바늘에 실을 걸고 빼내어

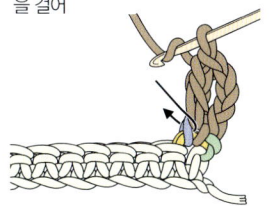
4 한길 긴뜨기 1코를 뜹니다.

5 코바늘에 실을 걸고, 같은 짧은뜨기의 다리에 코바늘을 넣어 한길 긴뜨기를 2코 더 뜹니다.

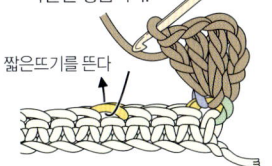
6 3코를 건너뛰고 앞단의 4번째 코에 짧은뜨기를 뜹니다.

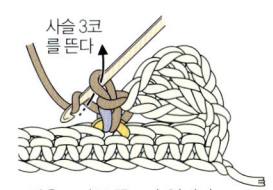
7 짧은뜨기를 뜬 모습입니다.

## 한길 긴 6코 늘려뜨기=조개뜨기

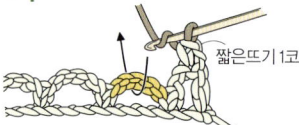
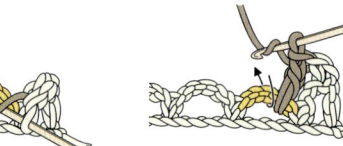

1 코바늘에 실을 걸고, 앞단의 사슬코 아래쪽 공간에 넣습니다.

2 코바늘에 실을 걸고 빼내어

3 한길 긴뜨기 1코를 뜹니다. 코바늘에 실을 걸고,

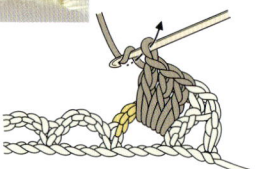

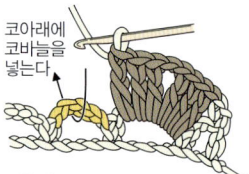
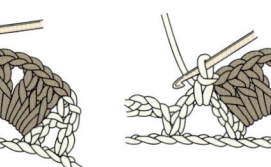

4 같은 사슬뜨기 아래쪽 공간에 한길 긴뜨기를 2코 더 떠넣습니다.

5 사슬 2코를 뜹니다. 코바늘에 실을 걸고, 같은 공간에 코바늘을 넣어

6 한길 긴뜨기 3코를 떠넣습니다. 2코째도 사슬뜨기 아래쪽 공간에 코바늘을 넣어

7 짧은뜨기 1코를 뜹니다.

## 짧은 이랑뜨기·줄기뜨기

**이랑뜨기**

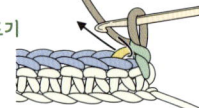
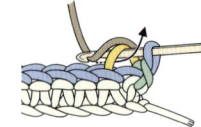
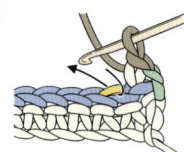
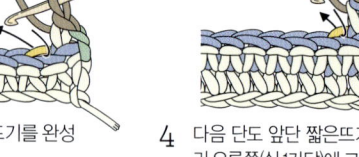

1 앞단 짧은뜨기 첫 번째 코의 머리 오른쪽(실 1가닥)에 코바늘을 넣습니다.

2 실을 빼내 짧은뜨기를 뜹니다.

3 짧은 이랑뜨기를 완성했습니다.

4 다음 단도 앞단 짧은뜨기의 머리 오른쪽(실 1가닥)에 코바늘을 넣어 뜹니다.

**줄기뜨기 안쪽 단**

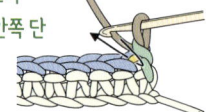
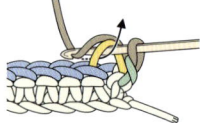
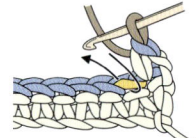

1 앞단 짧은뜨기 첫 번째 코의 머리 왼쪽(실 1가닥)에 코바늘을 넣습니다.

2 코바늘에 실을 걸고 빼내 짧은뜨기를 뜹니다.

3 짧은 줄기뜨기를 완성했습니다.

**겉쪽 단**

4 다음 단은 앞단 짧은뜨기의 머리 오른쪽(실 1가닥)에 코바늘을 넣어 뜹니다.

**원형뜨기일 때**

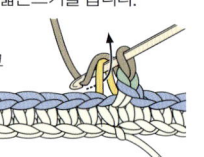
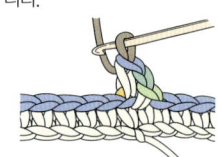

1 기둥코인 사슬뜨기 1코를 뜨고, 앞단 짧은뜨기의 머리 오른쪽(실1가닥)에 코바늘을 넣습니다.

2 코바늘에 실을 걸고 빼내 짧은뜨기를 뜹니다.

3 짧은 줄기뜨기를 완성했습니다.

4 2코째도 앞단 짧은뜨기의 머리 오른쪽(실 1가닥)에 코바늘을 넣어 뜹니다.

## 긴 줄기뜨기

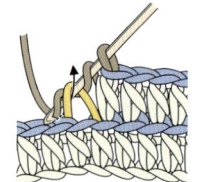
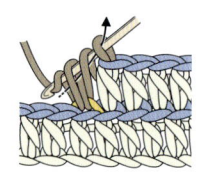
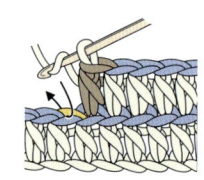

1 코바늘에 실을 걸고, 앞단의 머리 오른쪽(실 1가닥)에 코바늘을 넣습니다.

2 코바늘에 실을 걸고 빼냅니다.

3 코바늘에 실을 걸고, 코바늘에 걸린 3개의 고리 안으로 빼냅니다.

4 긴줄기뜨기를 완성했습니다.

## 한길 긴 줄기뜨기

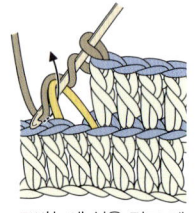
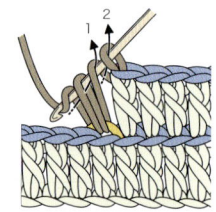
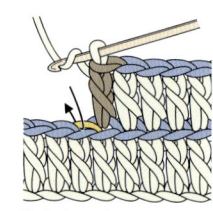

1 코바늘에 실을 걸고, 앞단의 머리 오른쪽(실 1가닥)에 코바늘을 넣습니다.

2 코바늘에 실을 걸고 빼냅니다.

3 코바늘에 실을 걸고, 바늘 끝에 걸린 2개의 고리 안으로 빼냅니다. 다시 코바늘에 실을 걸고, 남은 2개의 고리 안으로 한번에 빼냅니다.

4 한길 긴 줄기뜨기를 완성했습니다.

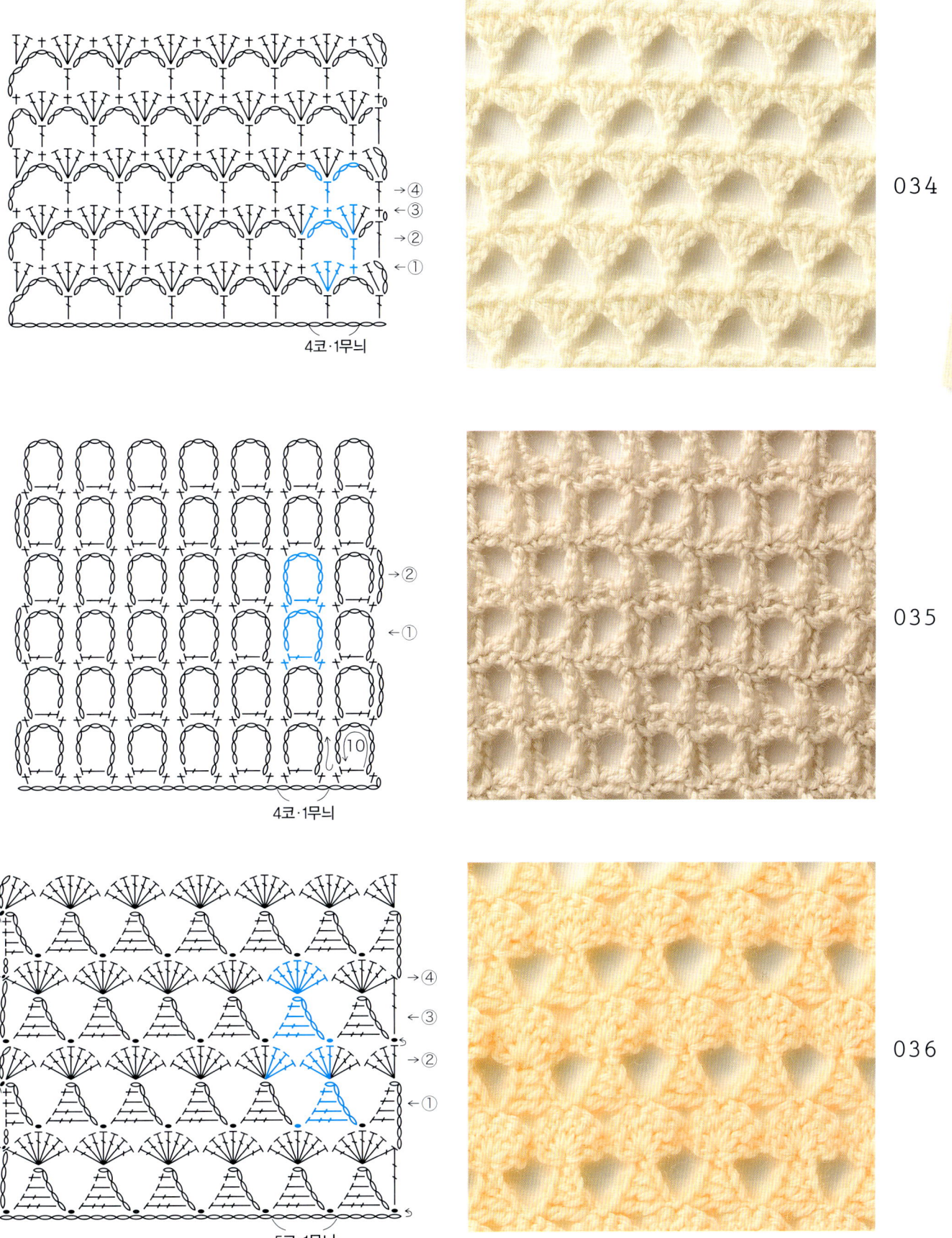

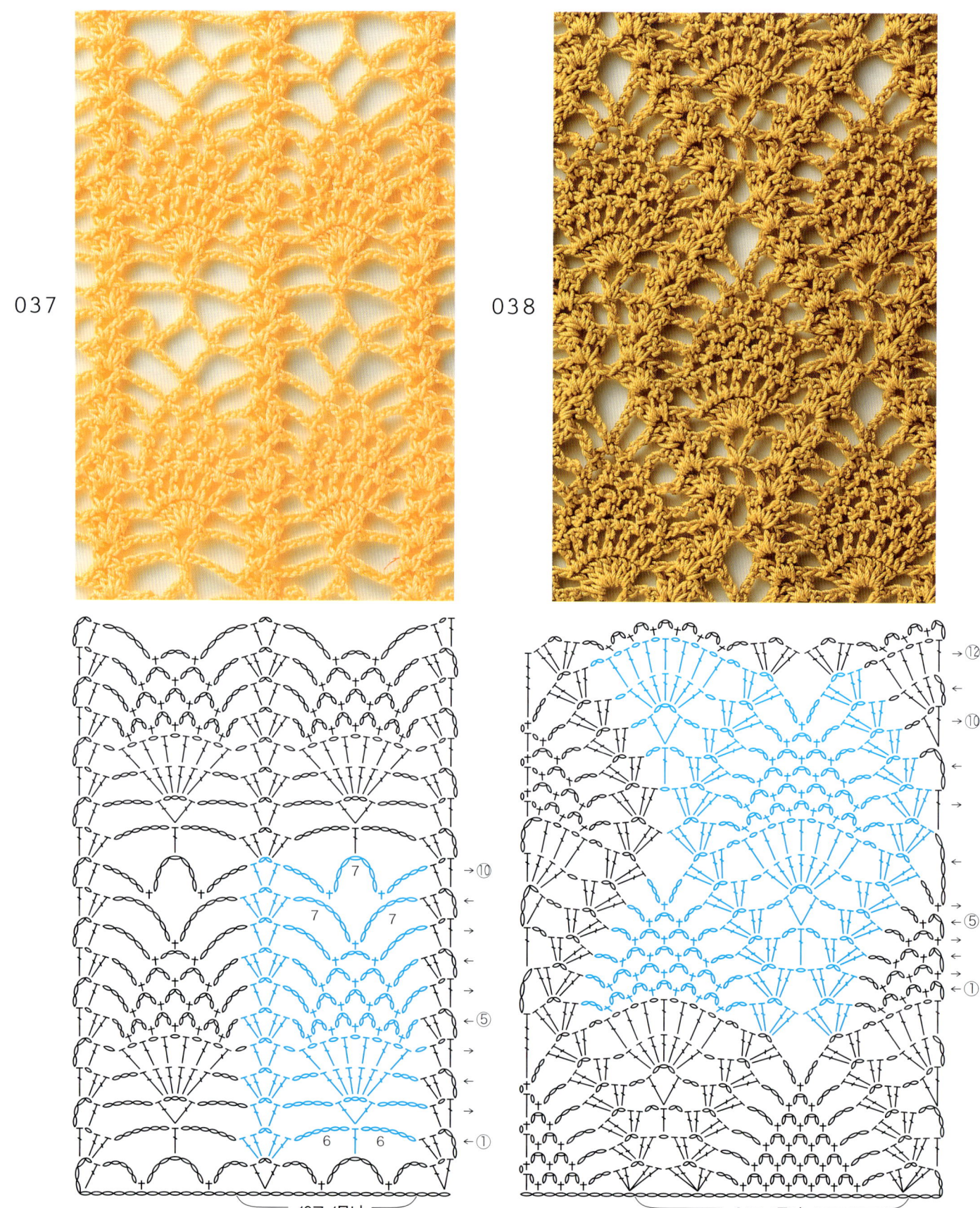

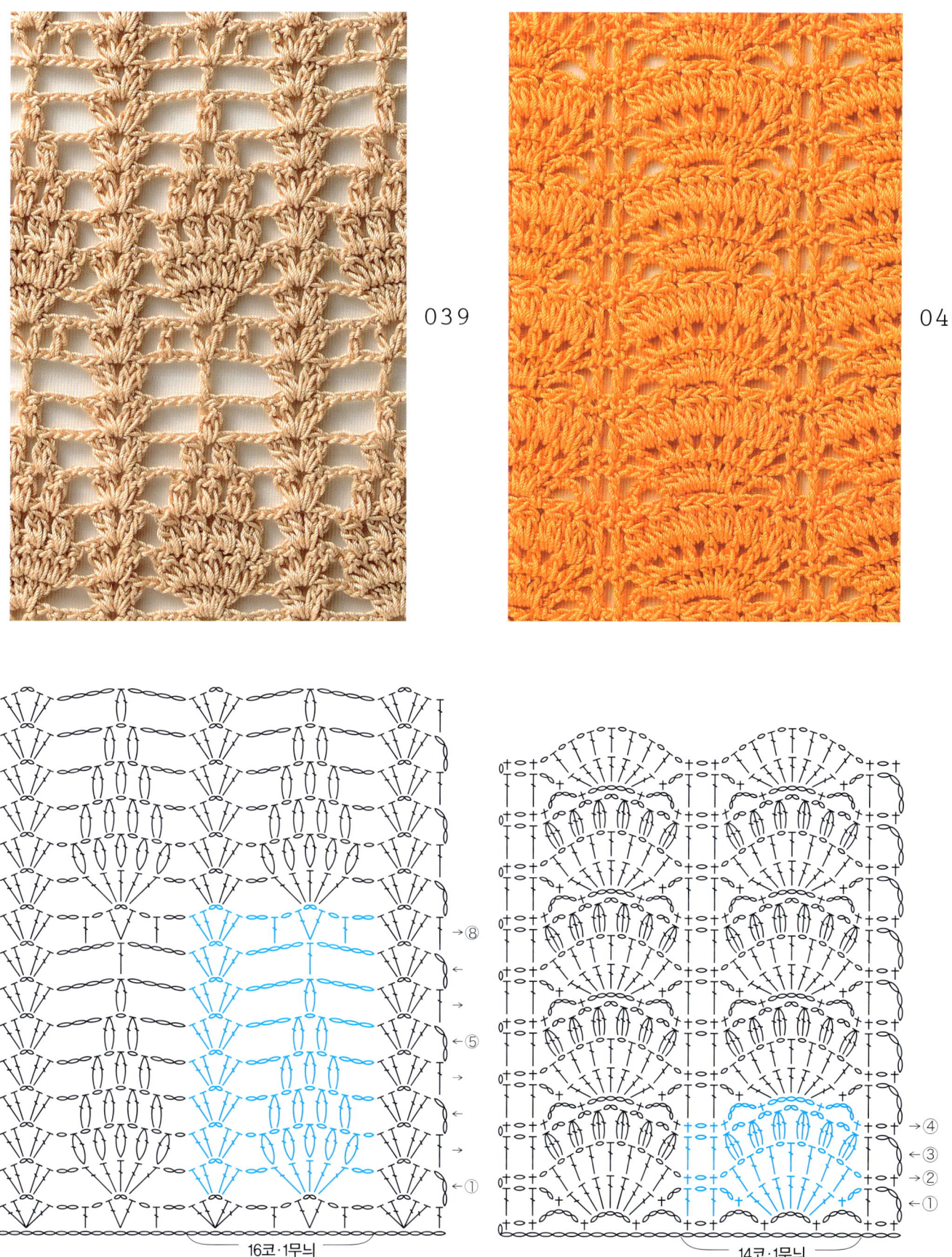

# 한코로 모아뜨기

여러 코를 한코로 모으는 방법입니다.
각 뜨개코를 미완성 코로 뜨고, 마지막에 한 번에 뺴냅니다.
한코에서 줍는 뜨기나 사슬뜨기와 조합해 사용합니다.

| | |
|---|---|
| 짧은 2코 모아뜨기 | 한길 긴 2코 모아뜨기 |
| 짧은 3코 모아뜨기 | 한길 긴 3코 모아뜨기 |
| 긴 2코 모아뜨기 | 한길 긴 4코 모아뜨기 |
| 긴 3코 모아뜨기 | 한길 긴 5코 모아뜨기 |
| 한길 긴 2코 구슬 2코 모아뜨기 | |
| 한길 긴 3코 구슬 2코 모아뜨기 | |
| 긴 3코 구슬 2코 모아뜨기 | |
| 한길 긴 2코 모아뜨기 | |

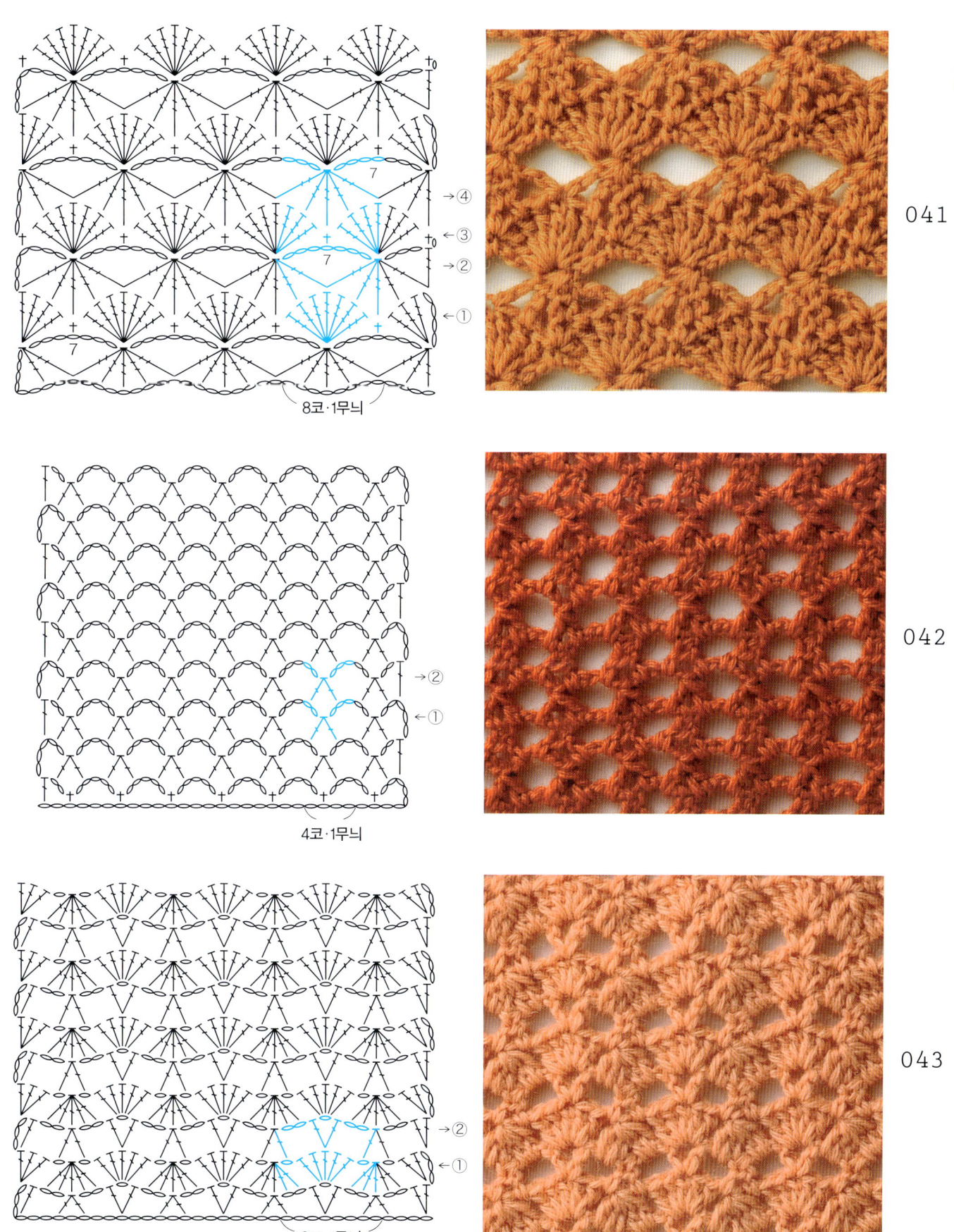

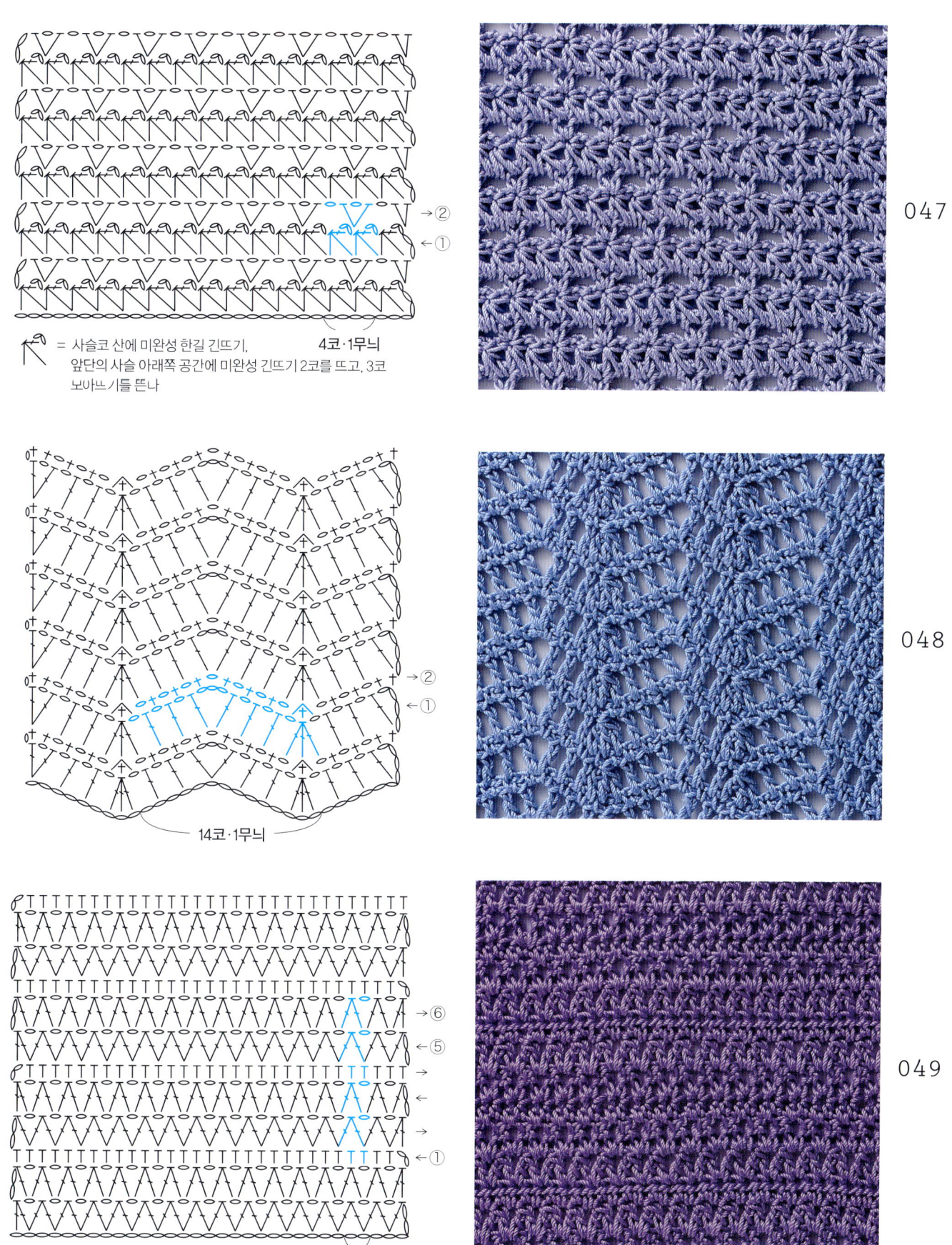

## 짧은 2코 모아뜨기

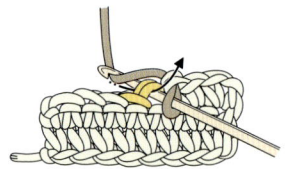
1 앞단의 머리(실 2가닥)에 코바늘을 넣고 실을 걸어 빼냅니다(미완성 짧은뜨기).

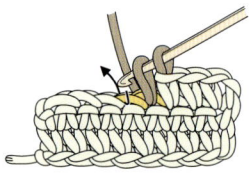
2 2코째도 앞단의 머리(실 2가닥)에 코바늘을 넣고,

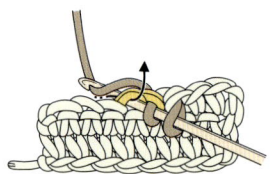
3 코바늘에 실을 걸어 빼냅니다(미완성 짧은뜨기).

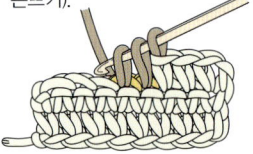
4 미완성 짧은뜨기를 2코 뜬 모습입니다.

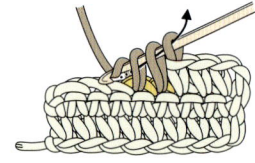
5 코바늘에 실을 걸고, 코바늘에 걸린 3개의 고리 안으로 한 번에 빼냅니다.

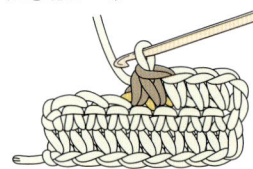
6 짧은 2코 모아뜨기를 완성했습니다.

## 긴 2코 모아뜨기

1 코바늘에 실을 걸고, 사슬코 산에 코바늘을 넣고 실을 걸어 빼냅니다(미완성 긴뜨기).

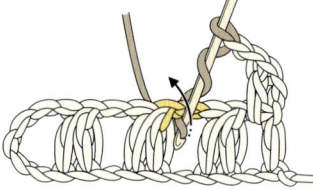
2 코바늘에 실을 걸고, 다음 사슬코 산에 코바늘을 넣어

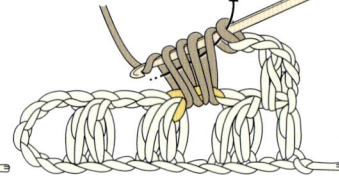
3 미완성 긴뜨기를 뜹니다. 코바늘에 실을 걸고, 코바늘에 걸린 5개의 고리 안으로 한 번에 빼냅니다.

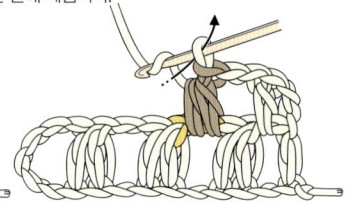
4 긴 2코 모아뜨기를 완성했습니다.

### 코아래에서 줍기

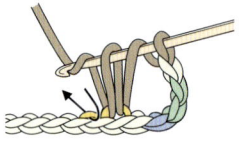
1 코바늘에 실을 걸고, 앞단의 사슬코 아래쪽 공간에 코바늘을 넣습니다(코아래에서 줍는다). 코바늘에 실을 걸고,

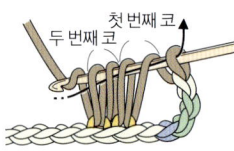
2 실을 빼냅니다(미완성 긴뜨기).

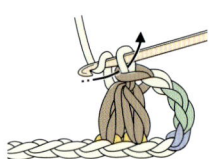
3 다시 한 번 미완성 긴뜨기 1코를 뜹니다. 코바늘에 실을 걸고, 코바늘에 걸린 5개의 고리 안으로 한 번에 빼냅니다.

4 긴 2코 모아뜨기를 완성했습니다.

## 한길 긴 2코 모아뜨기

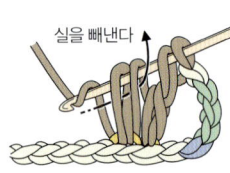
1 사슬코 산에 코바늘을 넣고, 미완성 한길 긴뜨기 1코를 뜹니다. 코바늘에 실을 걸고,

2 2코째도 다음 사슬코 산에 코바늘을 넣어 미완성 한길 긴뜨기를 뜹니다.

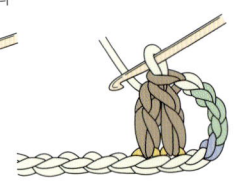
3 코바늘에 실을 걸고, 코바늘에 걸린 3개의 고리 안으로 한 번에 빼냅니다.

4 한길 긴 2코 모아뜨기를 완성했습니다.

### 코아래에서 줍기

1 코바늘에 실을 걸고, 앞단의 사슬코 아래쪽 공간에 코바늘을 넣습니다(코아래에서 줍는다). 코바늘에 실을 걸고 빼내어

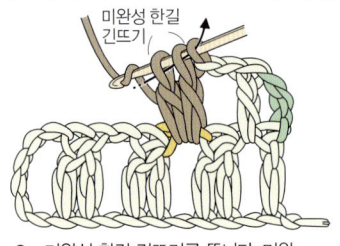
2 미완성 한길 긴뜨기를 뜹니다. 미완성 한길 긴뜨기를 1코 더 뜹니다. 코바늘에 실을 걸고, 코바늘에 걸린 3개의 고리안으로 한번에 빼냅니다.

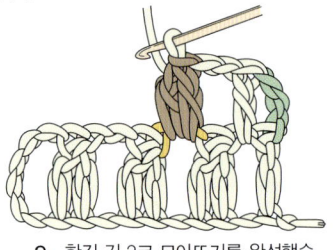
3 한길 긴 2코 모아뜨기를 완성했습니다.

## ⚇ 짧은 3코 모아뜨기

1. 앞단의 머리(실 2가닥)에 코바늘을 넣고 실을 걸어 빼냅니다(미완성 짧은뜨기).

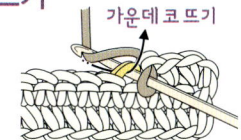 가운데 코 뜨기

2. 2코째 앞단의 머리(실 2가닥)에 코바늘을 넣고 코바늘에 실을 걸어 빼냅니다(미완성 짧은뜨기).

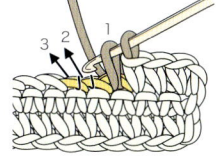

3. 3코째도 앞단의 머리(실 2가닥)에 코바늘을 넣고 코바늘에 실을 걸어 빼냅니다(미완성 짧은뜨기).

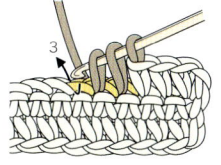

4. 코바늘에 실을 걸고, 코바늘에 걸린 4개의 고리 안으로 한 번에 빼냅니다.

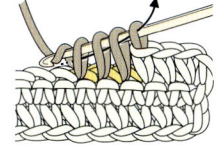

5. 짧은 3코 모아뜨기를 완성했습니다.

1. 앞단의 머리(실 2가닥)에 코바늘을 넣고 실을 빼냅니다(미완성 짧은뜨기). 다음 코는 뜨지 않고 건너뜁니다.

가운데 코 건너뜨기

2. 세 번째도 앞단의 머리(실 2가닥)에 코바늘을 넣어 미완성 짧은뜨기를 뜹니다. 코바늘에 실을 걸고, 3개의 고리 안으로 한 번에 빼냅니다.

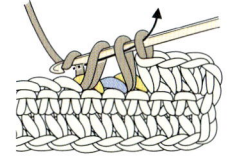

3. 짧은 3코 모아뜨기를 완성했습니다.

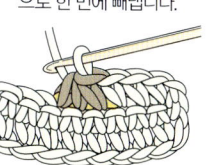

## ⚇ 긴 3코 모아뜨기

1. 코바늘에 실을 걸고, 사슬코 산에 코바늘을 넣어 미완성 긴뜨기를 뜹니다.

2. 코바늘에 실을 걸고, 다음 사슬코 산에 코바늘을 넣어

3. 미완성 긴뜨기를 2코 뜹니다. 코바늘에 실을 걸고, 7개의 고리 안으로 한 번에 빼냅니다.

4. 긴 3코 모아뜨기를 완성했습니다.

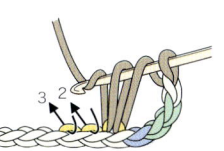 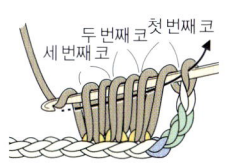 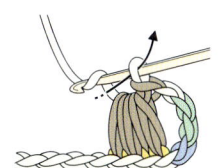

**코아래에서 줍기**

1. 코바늘에 실을 걸고, 앞단의 사슬코 아래쪽 공간에 넣습니다(코아래에서 줍는다).

2. 코바늘에 실을 걸고 빼냅니다(미완성 긴뜨기).

3. 미완성 긴뜨기를 2코 더 뜬 뒤, 코바늘에 실을 걸고 7개의 고리 안으로 한 번에 빼냅니다.

4. 긴 3코 모아뜨기를 완성했습니다.

## ⚇ 한길 긴 3코 모아뜨기

1. 사슬코 산에 코바늘을 넣어 미완성 한길 긴뜨기 1코를 뜹니다. 코바늘에 실을 걸고

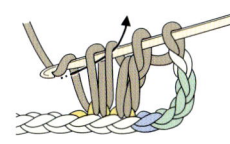

2. 다음 사슬코 산에도 미완성 한길 긴뜨기를 뜹니다.

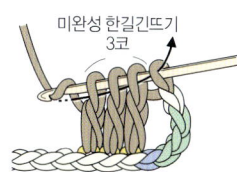

3. 3코째도 미완성 한길 긴뜨기를 뜹니다. 코바늘에 실을 걸고 4개의 고리 안으로 한 번에 빼냅니다.

4. 한길 긴 3코 모아뜨기를 완성했습니다.

**코아래에서 줍기**

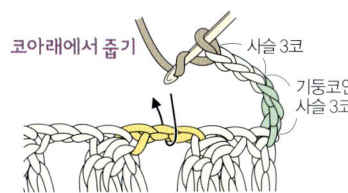

1. 코바늘에 실을 걸고, 앞단의 사슬코 아래쪽 공간에 코바늘을 넣습니다(코아래에서 줍는다).

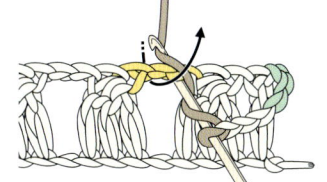

2. 코바늘에 실을 걸고 빼내 미완성 한길 긴뜨기를 뜹니다.

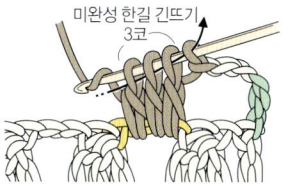

3. 미완성 한길 긴뜨기를 2코 더 뜹니다. 코바늘에 실을 걸고, 코바늘에 걸린 4개의 고리 안으로 한 번에 빼냅니다.

4. 한길 긴 3코 모아뜨기를 완성했습니다.

## 한길 긴 4코 모아뜨기

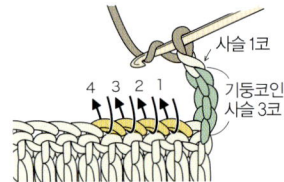

1 코바늘에 실을 겁니다.

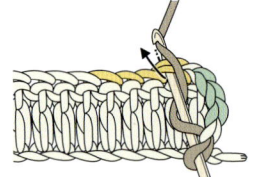

2 앞단 첫 번째 코의 머리(실 2가닥)에 코바늘을 넣고 실을 걸어 빼냅니다.

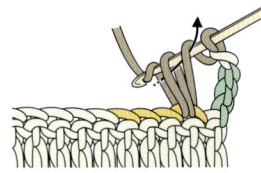

3 코바늘에 실을 걸고, 바늘 끝에 걸린 2개의 고리 안으로 화살표와 같이 실을 빼냅니다(미완성 한길 긴뜨기).

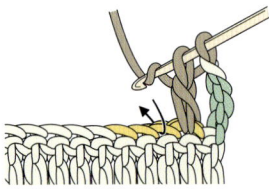

4 다음 코에도 미완성 한길 긴뜨기를 뜹니다.

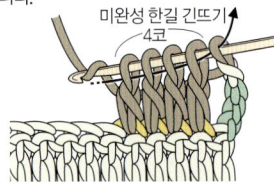

5 미완성 한길 긴뜨기를 2코 더 뜹니다. 코바늘에 실을 걸고, 5개의 고리 안으로 한 번에 빼냅니다.

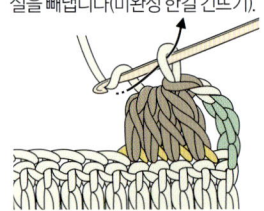

6 한길 긴 4코 모아뜨기를 완성했습니다. 다음 사슬코를 뜨면 코가 안정됩니다.

## 한길 긴 2코 구슬 2코 모아뜨기

1 앞단의 머리(실 2가닥)에 미완성 한길 긴뜨기를 뜹니다. 코바늘에 실을 걸고,

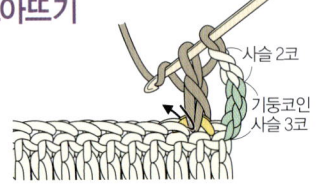

2 같은 코에 미완성 한길 긴뜨기를 1코 더 뜹니다. 코바늘에 실을 걸고, 3코를 건너뛰어

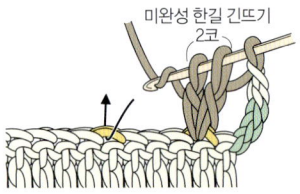

3 네 번째 코에 코바늘을 넣습니다. 코바늘에 실을 걸고 빼냅니다.

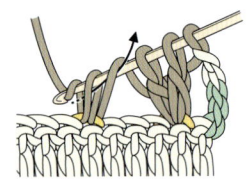

4 코바늘에 실을 걸고, 바늘 끝에 걸린 2개의 고리 안으로 실을 빼냅니다(미완성 한길 긴뜨기).

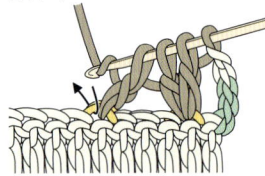

5 다시 한 번 같은 코에 미완성 한길 긴뜨기 1코를 뜹니다.

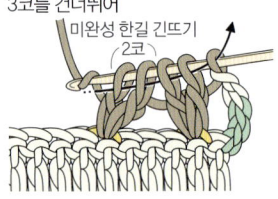

6 코바늘에 실을 걸고, 5개의 고리 안으로 한 번에 빼냅니다.

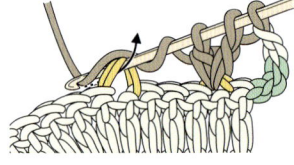

7 한길 긴 2코 구슬 2코 모아뜨기를 완성했습니다.

## 긴 3코 구슬 2코 모아뜨기

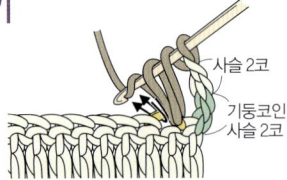

1 앞단의 머리(실 2가닥)에 미완성 긴뜨기를 뜹니다. 코바늘에 실을 걸고,

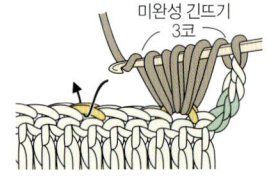

2 같은 코에 코바늘을 넣어 미완성 긴뜨기를 2코 뜹니다. 3코를 건너뛰고

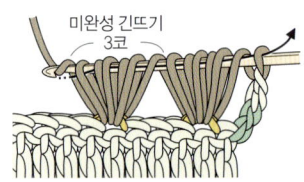

3 네 번째 코에 코바늘을 넣어 미완성 긴뜨기를 3코 뜹니다. 코바늘에 실을 걸고, 13개의 고리 안으로 한 번에 빼냅니다.

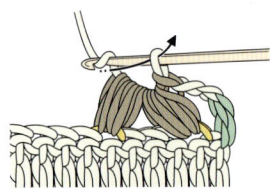

4 긴 3코 구슬 2코 모아뜨기를 완성했습니다. 다음 사슬코를 뜨면 코가 안정됩니다.

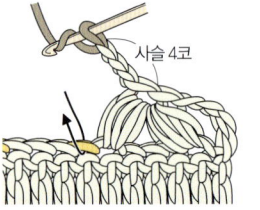

5 다음 무늬도 같은 방법으로 뜹니다.

## 한길 긴 5코 모아뜨기

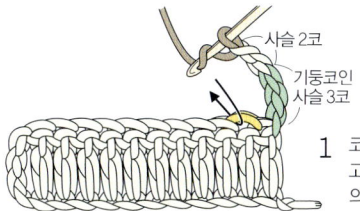

1 코바늘에 실을 걸고, 앞단 첫 번째 코의 머리(실 2가닥)에 코바늘을 넣어

2 미완성 한길 긴뜨기를 뜹니다. 미완성 한길 긴뜨기를 4코 더 뜹니다.

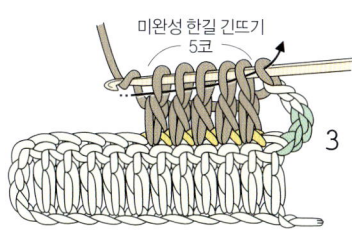

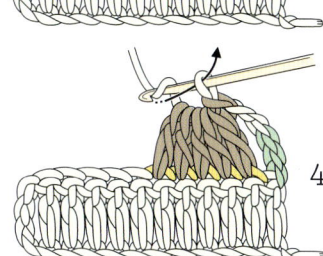

3 코바늘에 실을 걸고, 코바늘에 걸린 6개의 고리 안으로 한 번에 빼냅니다.

4 한길 긴 5코 모아뜨기를 완성했습니다. 다음 사슬코를 뜨면 코가 안정됩니다.

## 한길 긴 3코 구슬 2코 모아뜨기

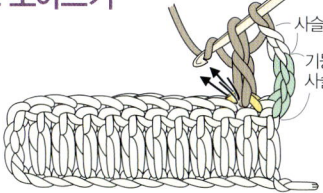

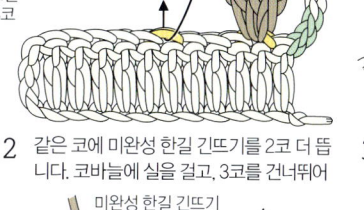

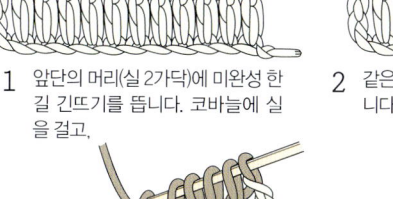

1 앞단의 머리(실 2가닥)에 미완성 한길 긴뜨기를 뜹니다. 코바늘에 실을 걸고,

2 같은 코에 미완성 한길 긴뜨기를 2코 더 뜹니다. 코바늘에 실을 걸고, 3코를 건너뛰어

3 네 번째 코에 코바늘을 넣습니다. 코바늘에 실을 걸고 빼냅니다.

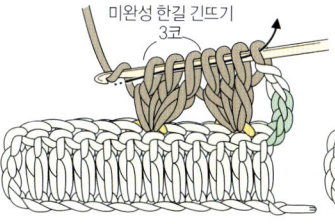

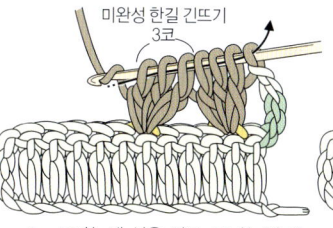

4 코바늘에 실을 걸고, 바늘 끝에 걸린 2개의 고리 안으로 화살표와 같이 실을 빼냅니다(미완성 한길 긴뜨기).

5 다시 한 번 같은 코에 미완성 한길 긴뜨기 2코를 뜹니다.

6 코바늘에 실을 걸고, 코바늘에 걸린 7개의 고리 안으로 한 번에 빼냅니다.

7 한길 긴 3코 구슬 2코 모아뜨기를 완성했습니다. 다음 사슬코를 뜨면 코가 안정됩니다.

## 한길 긴 2코 모아뜨기

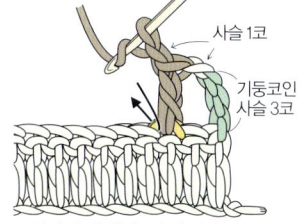

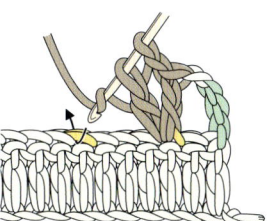

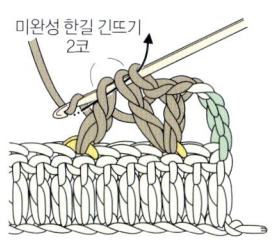

1 앞단의 머리(실 2가닥)에 한길 긴뜨기를 뜬 뒤 사슬뜨기 1코를 뜹니다. 코바늘에 실을 걸고, 같은 코에 코바늘을 넣어

2 미완성 한길 긴뜨기를 뜹니다. 코바늘에 실을 건 뒤, 3코를 건너뛰고 네 번째 코에 코바늘을 넣어

3 미완성 한길 긴뜨기를 뜹니다. 코바늘에 실을 걸고, 코바늘에 걸린 3개의 고리 안으로 한 번에 빼냅니다.

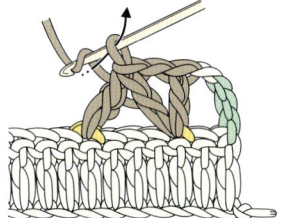

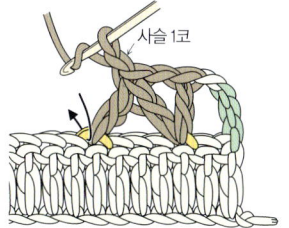

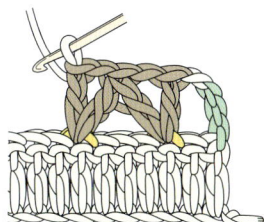

4 한길 긴 2코 모아뜨기를 완성했습니다. 다음 사슬뜨기 1코를 뜬 뒤

5 코바늘에 실을 걸고, 두 번째 미완성 한길 긴 긴뜨기와 같은 코에 코바늘을 넣습니다.

6 한길 긴뜨기를 뜹니다.

# 구슬뜨기

앞단의 한코나 사슬뜨기 아래쪽 공간에서 여러 코를 미완성으로 뜬 뒤, 한코로 모으는 방법입니다. 도톰하고 귀여운 무늬가 나옵니다. 떠내는 뜨개코나 콧수에 따라서 구슬뜨기의 볼륨감이 달라집니다.

긴 2코 구슬뜨기
긴 3코 구슬뜨기
한길 긴 2코 구슬뜨기
한길 긴 3코 구슬뜨기
긴 2코 변형 구슬뜨기
긴 3코 변형 구슬뜨기
한길 긴 5코 구슬뜨기

두길 긴 5코 구슬뜨기
긴 3코 구슬뜨기
(짧은뜨기의 다리에서 뜨기)
한길 긴 3코 구슬뜨기
(짧은뜨기의 다리에서 뜨기)

050

051

052

디자인/가제코보  사용실/050, 051=50g·약 218m  052=40g·약 170m

053

054

055

디자인/시다 히토미  사용실/053=50g·약 218m  054=20g·약 88m  055=10g·약 44m

 056

 057

056 패턴은 108쪽에 나와 있습니다.

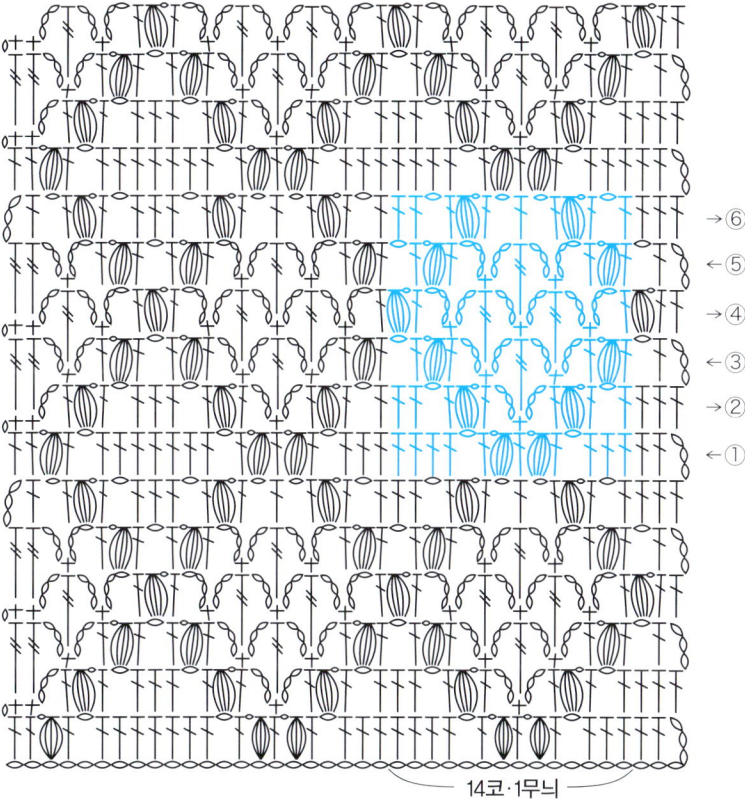

14코·1무늬

구슬뜨기

디자인/오카모토 마키코  사용실/40g·약 180m

## 긴 2코 · 3코 구슬뜨기

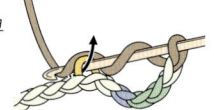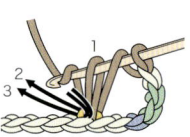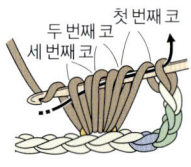

**한코에서 뜨기**

1 코바늘에 실을 걸고, 사슬코 산에 코바늘을 넣습니다.
2 코바늘에 실을 걸고 빼냅니다(미완성 긴뜨기).
3 같은 코에 미완성 긴뜨기를 2코 더 뜹니다.
4 코바늘에 실을 걸고, 코바늘에 걸린 7개의 고리 안으로 한번에 빼냅니다.
5 긴 3코 구슬뜨기를 완성했습니다. 다음 사슬코를 뜨면 코가 안정됩니다.

**긴 2코 구슬뜨기**

1 사슬코 산에 미완성 긴뜨기를 2코 뜹니다. 코바늘에 실을 걸고.
2 코바늘에 걸린 5개의 고리 안으로 한 번에 빼냅니다.

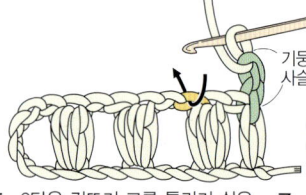

6 2단은 긴뜨기 코를 틀리기 쉬우므로 코를 잘 확인합니다.
7 머리(실 2가닥)를 주워 미완성 긴뜨기를 3코 뜹니다. 코바늘에 걸린 7개의 고리 안으로 한 번에 빼냅니다.
8 긴 3코 구슬뜨기를 완성했습니다. 다음 사슬코를 뜨면 코가 안정됩니다.

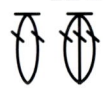 ## 한길 긴 2코·3코 구슬뜨기

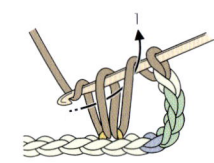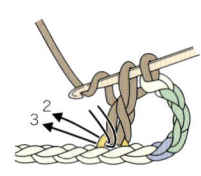

**한코에서 뜨기**

1 코바늘에 실을 걸고, 사슬코 산에 코바늘을 넣어
2 미완성 한길 긴뜨기를 뜹니다.
3 코바늘에 실을 걸고, 같은 코에 미완성 한길 긴뜨기를 2코 더 뜹니다.
4 코바늘에 실을 걸고, 코바늘에 걸린 4개의 고리 안으로 한 번에 빼냅니다.

**한길 긴 2코 구슬뜨기**

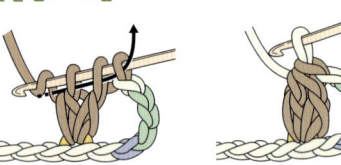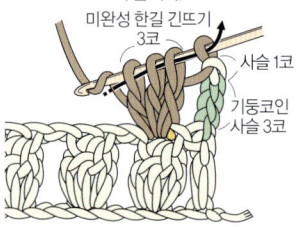

1 사슬코 산에 미완성 한길 긴뜨기를 2코 뜹니다. 코바늘에 실을 걸고.
2 코바늘에 걸린 3개의 고리 안으로 한 번에 빼냅니다.
5 한길 긴 3코 구슬뜨기를 완성했습니다.
6 2단은 머리(실 2가닥)를 주워 미완성 한길 긴뜨기를 3코 뜹니다. 코바늘에 걸린 4개의 고리 안으로 한 번에 빼냅니다.
7 한길 긴 3코 구슬뜨기를 완성했습니다.

 ## 한길 긴 5코 구슬뜨기

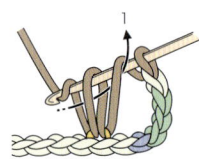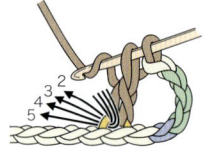

**한코에서 뜨기**

1 코바늘에 실을 걸고, 사슬코 산에 코바늘을 넣어
2 미완성 한길 긴뜨기를 뜹니다.
3 다시 한 번 같은 코에 미완성 한길 긴뜨기를 4코 뜹니다.
4 코바늘에 실을 걸고, 코바늘에 걸린 6개의 고리 안으로 한 번에 빼냅니다.

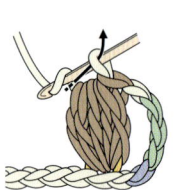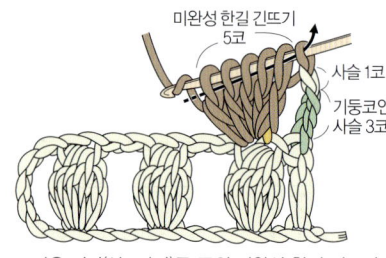

5 한길 긴 5코 구슬뜨기를 완성했습니다.
6 2단은 머리(실 2가닥)를 주워 미완성 한길 긴뜨기를 5코 뜹니다. 코바늘에 걸린 6개의 고리 안으로 한 번에 빼냅니다.
7 한길 긴 5코 구슬뜨기를 완성했습니다.

## 긴 3코 구슬뜨기

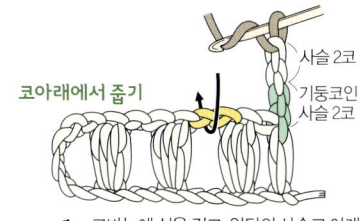
1 코바늘에 실을 걸고, 앞단의 사슬코 아래쪽 공간에 넣습니다(코아래에서 줍는다).

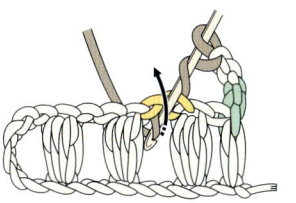
2 코바늘에 실을 걸고 빼냅니다(미완성 긴뜨기).

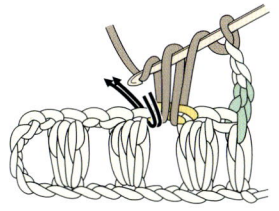
3 같은 공간에 미완성 긴뜨기를 2코 더 뜹니다.

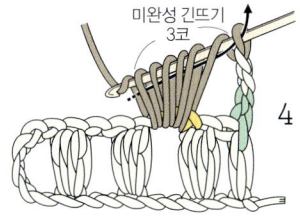
4 코바늘에 실을 걸고, 코바늘에 걸린 7개의 고리 안으로 한 번에 빼냅니다.

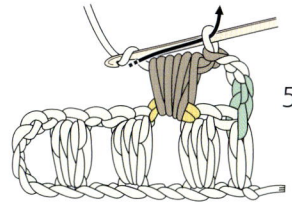
5 긴 3코 구슬뜨기를 완성했습니다. 다음 사슬코를 뜨면 코가 안정됩니다.

## 한길 긴 3코 구슬뜨기

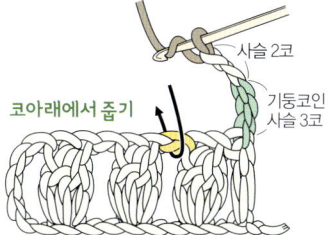
1 코바늘에 실을 걸고, 앞단의 사슬코 아래쪽 공간에 코바늘을 넣습니다(코아래에서 줍는다).

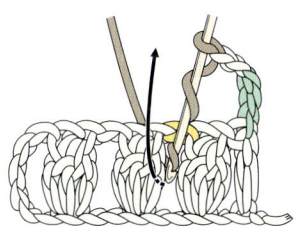
2 코바늘에 실을 걸고 빼냅니다.

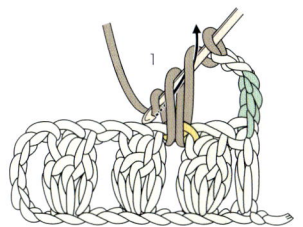
3 코바늘에 실을 걸고, 바늘 끝에 걸린 2개의 고리 안으로 실을 빼냅니다(미완성 한길 긴뜨기).

4 같은 공간에 미완성 한길 긴뜨기를 2코 더 뜹니다.

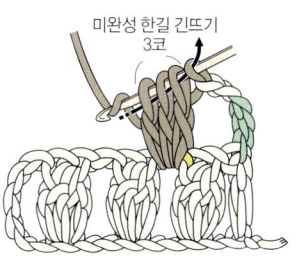
5 코바늘에 실을 걸고, 코바늘에 걸린 4개의 고리 안으로 한 번에 빼냅니다.

6 한길 긴 3코 구슬뜨기를 완성했습니다.

## 한길 긴 5코 구슬뜨기

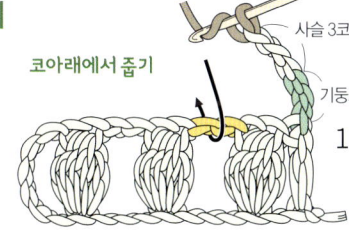
1 코바늘에 실을 걸고, 앞단의 사슬코 아래쪽 공간에 넣어(코아래에서 줍는다).

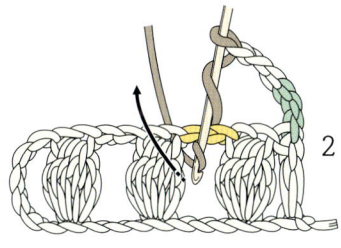
2 코바늘에 실을 걸고 빼냅니다.

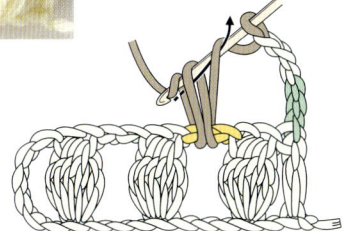
3 코바늘에 실을 걸고, 바늘 끝에 걸린 2개의 고리 안으로 실을 빼냅니다(미완성 한길 긴뜨기).

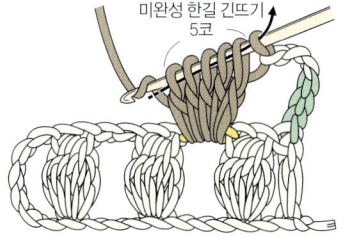
4 같은 공간에 미완성 한길 긴뜨기를 4코 더 뜹니다. 코바늘에 실을 걸고, 코바늘에 걸린 6개의 고리 안으로 한 번에 빼냅니다.

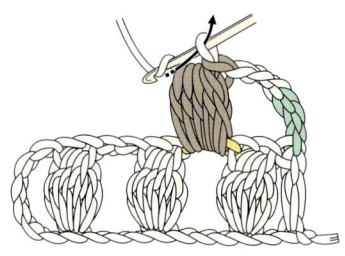
5 한길 긴 5코 구슬뜨기를 완성했습니다. 다음 사슬코를 뜨면 코가 안정됩니다.

## 긴 2코·3코 변형 구슬뜨기

### 한코에서 뜨기 1단

1 코바늘에 실을 걸고, 사슬코 산에 코바늘을 넣어

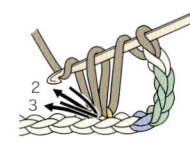

2 미완성 긴뜨기 3코를 뜹니다.

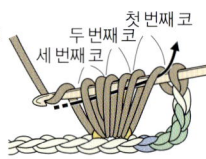

3 코바늘에 실을 걸고, 바늘 끝에 걸린 6개의 고리 안으로 실을 빼냅니다.

4 코바늘에 실을 걸고, 코바늘에 걸린 2개의 고리 안으로 한 번에 빼냅니다.

5 긴 3코 변형 구슬뜨기를 완성했습니다.

### 긴 2코 변형 구슬뜨기

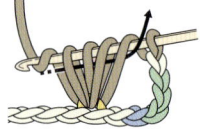

1 미완성 긴뜨기 2코를 뜬 뒤, 코바늘에 실을 걸고 바늘 끝에 걸린 4개의 고리 안으로 빼냅니다.

2 코바늘에 실을 걸고, 코바늘에 걸린 2개의 고리 안으로 한 번에 빼냅니다.

3 긴 2코 변형 구슬뜨기를 완성했습니다.

### 2단

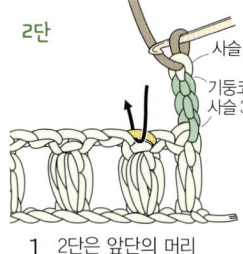

1 2단은 앞단의 머리(실 2가닥)를 줍습니다.

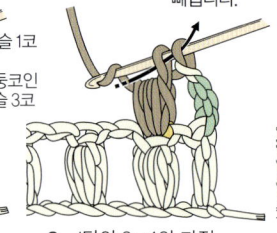

2 1단의 2~4의 과정을 반복합니다.

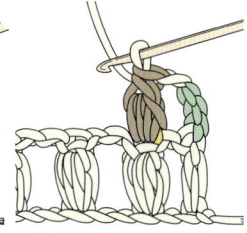

3 긴 3코 변형 구슬뜨기를 완성했습니다.

## 긴 3코 변형 구슬뜨기

### 코아래에서 줍기

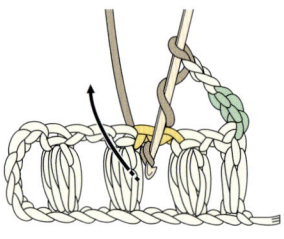

1 코바늘에 실을 걸고, 앞단의 사슬코 아래쪽 공간에 코바늘을 넣습니다(코 아래에서 줍는다).

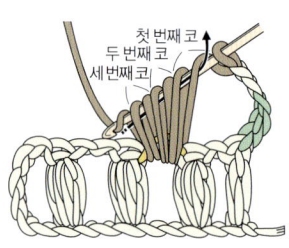

2 코바늘에 실을 걸고 빼냅니다(미완성 긴뜨기).

3 같은 공간에 미완성 긴뜨기를 2코 더 뜹니다. 코바늘에 실을 걸고, 코바늘에 걸린 6개의 고리 안으로 실을 빼냅니다.

## 두길 긴 5코 구슬뜨기

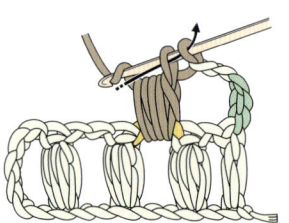

4 코바늘에 실을 걸고, 코바늘에 걸린 2개의 고리 안으로 한 번에 빼냅니다.

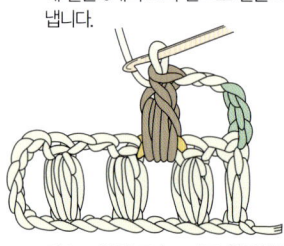

5 긴 3코 변형 구슬뜨기를 완성했습니다.

### 한코에서 뜨기

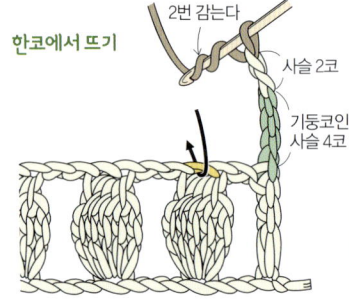

1 코바늘에 실을 2번 감고, 앞단의 머리(실 2가닥)에 코바늘을 넣어

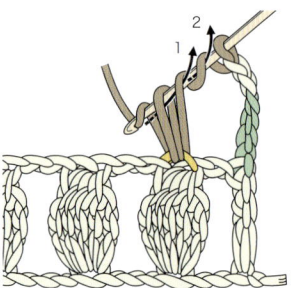

2 미완성 두길 긴뜨기를 뜹니다.

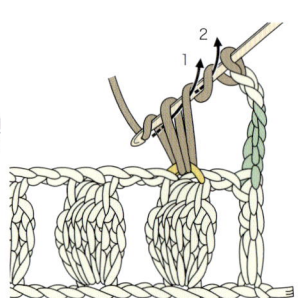

3 같은 코에 미완성 두길 긴뜨기를 4코 더 뜹니다. 코바늘에 실을 걸고, 코바늘에 걸린 6개의 고리 안으로 한 번에 빼냅니다.

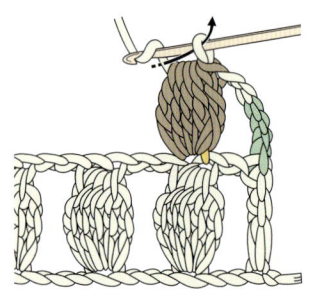

4 두길 긴 5코 구슬뜨기를 완성했습니다.

## 긴 3코 구슬뜨기

**짧은뜨기의 다리에서 뜨기**

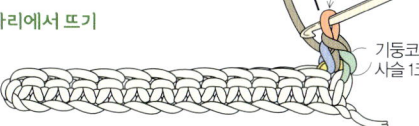

1 첫 코를 코 길이만큼 늘립니다.

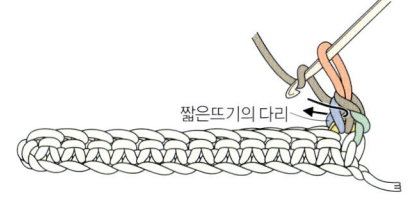

2 코바늘에 실을 걸고, 짧은뜨기의 다리(실 2가닥)에 코바늘을 넣습니다.

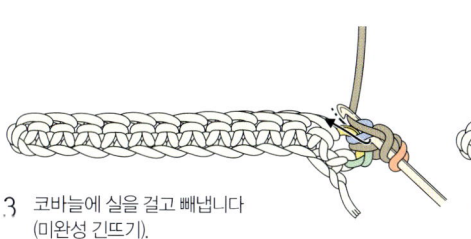

3 코바늘에 실을 걸고 빼냅니다 (미완성 긴뜨기).

4 코바늘에 실을 걸고, 짧은뜨기의 다리(실 2가닥)에 코바늘을 넣습니다.

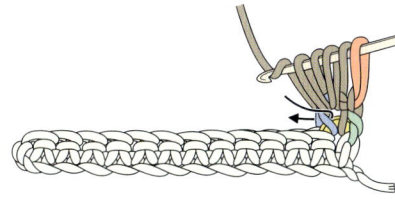

5 코바늘에 실을 걸고 빼냅니다(2코째 미완성 긴뜨기). 다시 힌 빈 같은 다리에 미완성 긴뜨기 1코를 뜹니다.

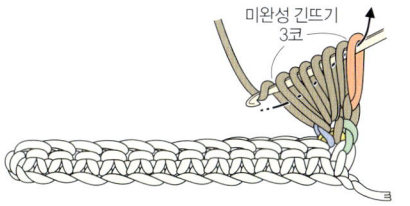

6 코바늘에 실을 걸고, 코바늘에 걸린 7개의 고리 안으로 한 번에 빼냅니다.

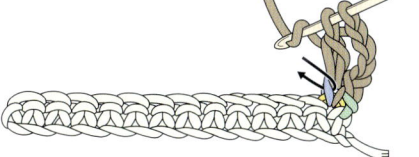

7 사슬 1코를 뜨고, 앞단을 2코 건너뛰어 짧은뜨기를 뜹니다.

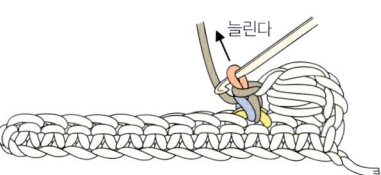

8 긴 3코 구슬뜨기를 완성했습니다. 다음 무늬도 같은 방법으로 뜹니다.

## 한길 긴 3코 구슬뜨기

**짧은뜨기의 다리에서 뜨기**

1 사슬뜨기 4코를 뜬 뒤, 코바늘에 실을 걸고 짧은뜨기의 다리(실 2가닥)에 코바늘을 넣습니다.

2 코바늘에 실을 걸고 빼냅니다.

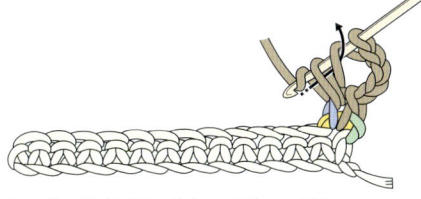

3 바늘 끝에 걸린 2개의 고리 안으로 실을 빼냅니다(미완성 한길 긴뜨기).

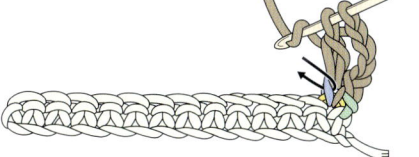

4 1코째 미완성 한길 긴뜨기입니다. 코바늘에 실을 걸고, 짧은뜨기의 다리(실 2가닥)에 코바늘을 넣습니다.

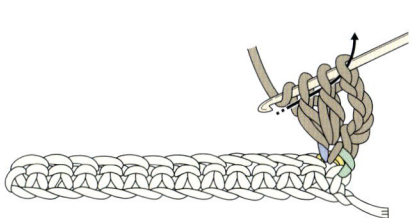

5 2코째 미완성 한길 긴뜨기를 뜹니다. 코바늘에 실을 걸고, 코바늘에 걸린 3개의 고리 안으로 한 번에 빼냅니다.

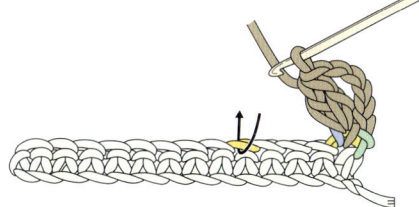

6 앞단을 3코 건너뛰어 짧은뜨기를 뜹니다.

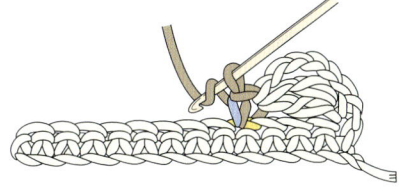

7 한길 긴 3코 구슬뜨기를 완성했습니다. 다음 무늬도 같은 방법으로 뜹니다.

# 팝콘뜨기

앞단의 한코나 사슬뜨기 아래쪽 공간에서 여러 코를 뜨고 코바늘을 뺀 다음, 첫 번째 코와 코바늘을 뺀 코에 코바늘을 넣고 첫 번째 코로 빼내어 한코로 모으는 방법입니다.
뜨개바탕 겉쪽에 입체감이 나타납니다. 안쪽에서는 겉쪽에 팝콘무늬가 나오도록 뜹니다.

한길 긴 5코 팝콘뜨기
두길 긴 5코 팝콘뜨기
긴 5코 팝콘뜨기

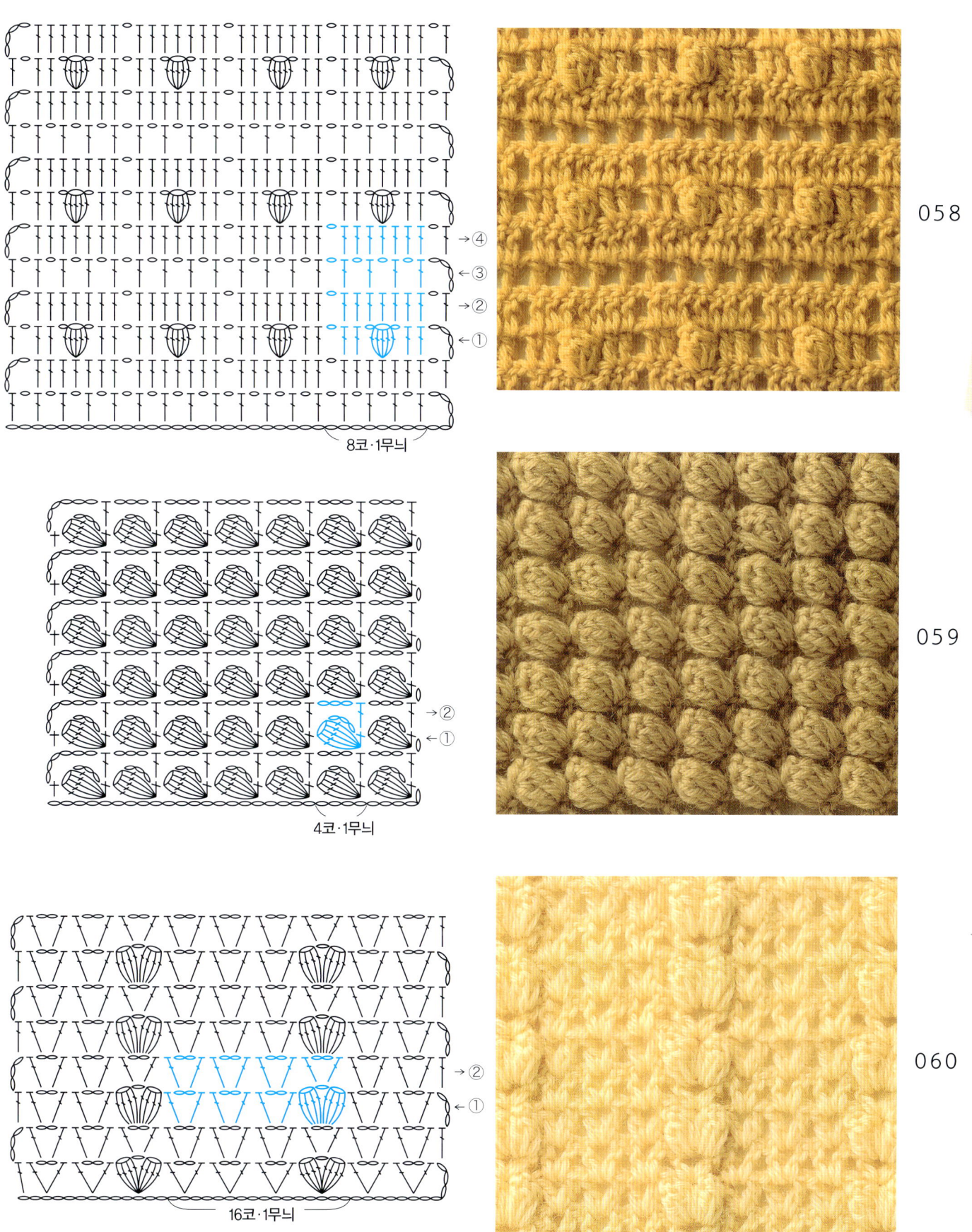

061

062

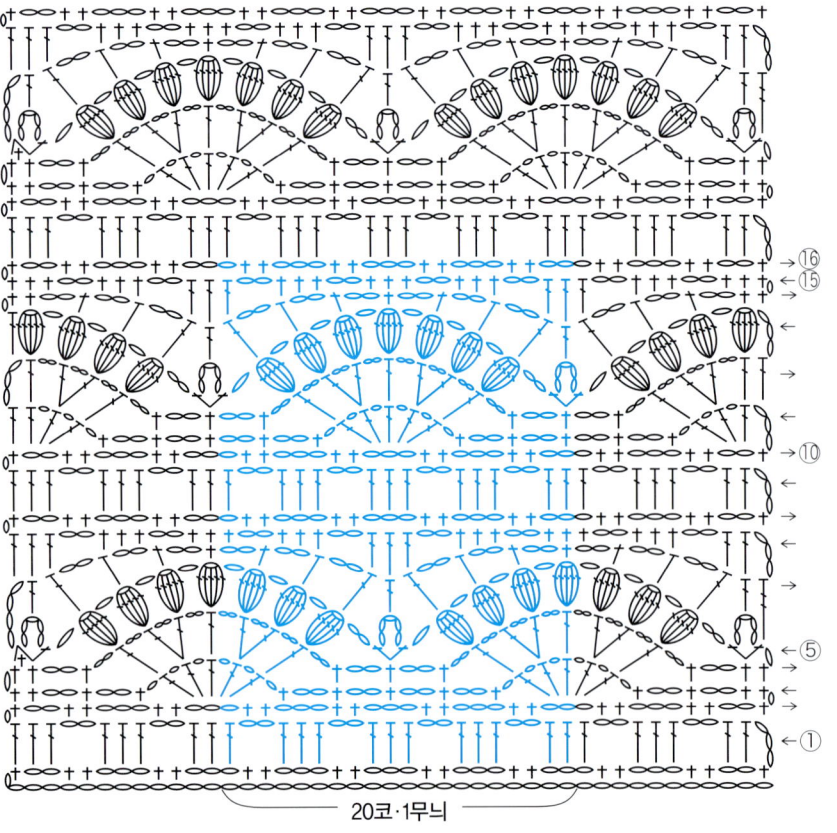

20코·1무늬

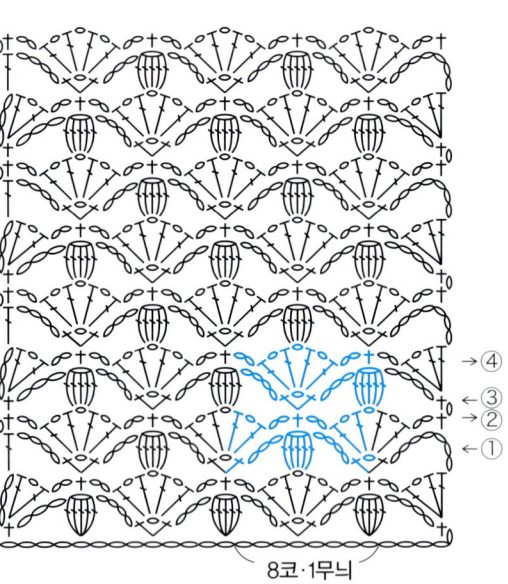

8코·1무늬

디자인/혼마 사키코  사용실/40g·약 180m

 063

 064 팝콘뜨기

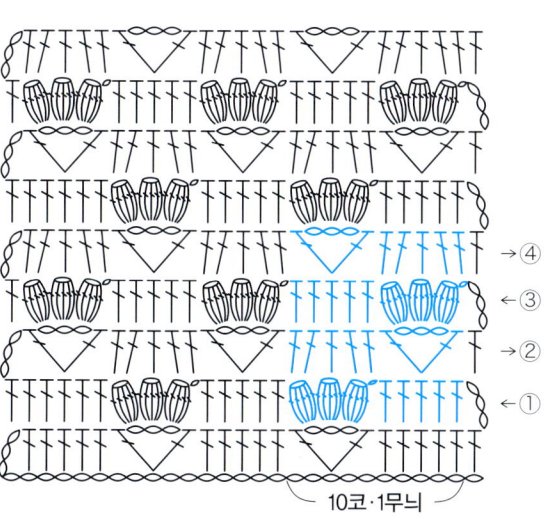

10코·1무늬

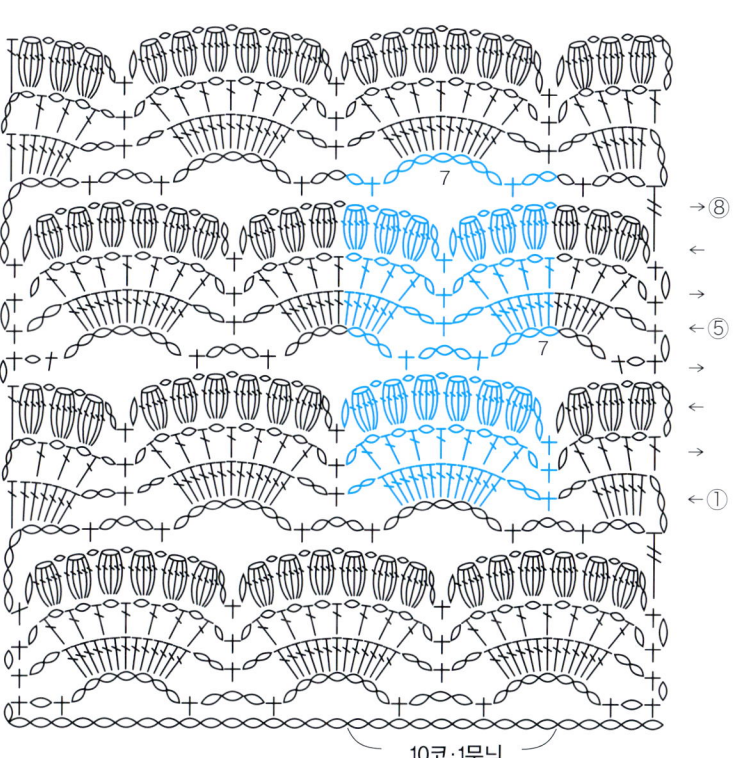

10코·1무늬

디자인/모기 미키코  사용실/10g·약 44m

53

## 한길 긴 5코 팝콘뜨기

1 사슬코 산에 한길 긴뜨기 5코를 뜬 뒤, 일단 코바늘을 빼고 첫 번째 코에 코바늘을 앞에서 넣습니다. 코바늘을 뺀 코에도 코바늘을 넣고

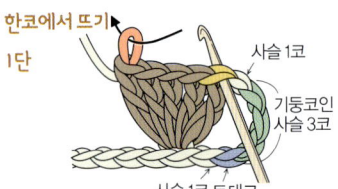

2 첫 번째 코에 통과시켜 빼냅니다.

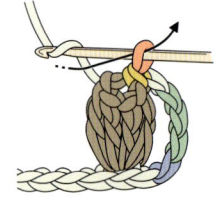
3 사슬코를 떠서 조입니다.

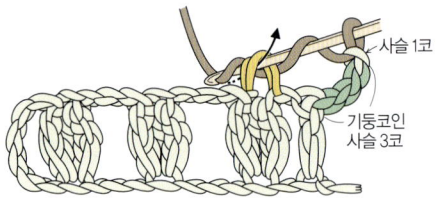
1 앞단의 머리에 한길 긴뜨기 5코를 뜹니다.

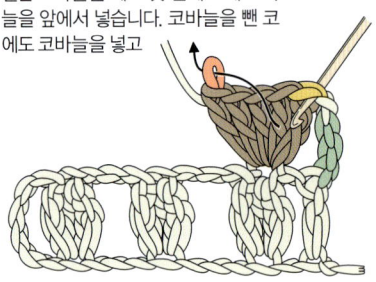
2 일단 코바늘을 코에서 빼고, 첫 번째 코에 코바늘을 뒤에서 넣습니다. 코바늘을 뺀 코에도 코바늘을 넣고

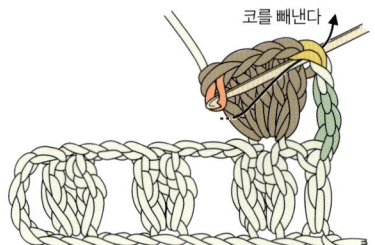
3 첫 번째 코에 통과시켜 빼냅니다.

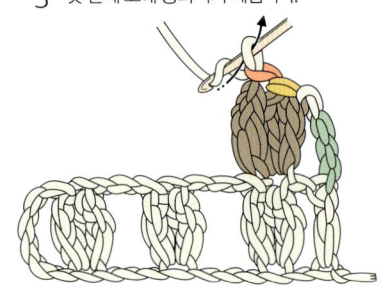
4 사슬코를 떠서 조입니다(뜨개코는 뒤로 볼록하게 나옵니다). 코를 조인 모습입니다.

## 두길 긴 5코 팝콘뜨기

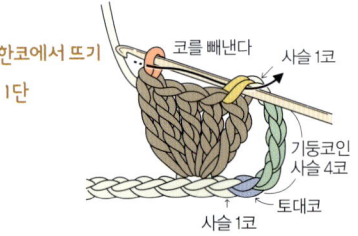
1 사슬코 산에 두길 긴뜨기 5코를 뜨고, 일단 코바늘을 코에서 뺍니다. 첫 번째 코에 코바늘을 앞에서 넣은 뒤, 코바늘을 뺀 코에도 코바늘을 넣고 첫 번째 코에 통과시켜 빼냅니다.

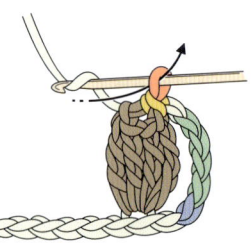
2 사슬코를 떠서 조입니다.

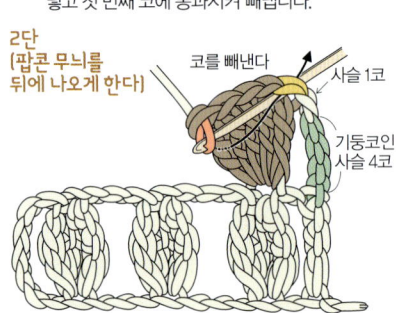
1 앞단의 머리에 두길 긴뜨기 5코를 뜨고, 일단 코바늘을 코에서 뺍니다. 첫 번째 코에 코바늘을 뒤에서 넣고, 코바늘을 뺀 코에도 코바늘을 넣습니다.

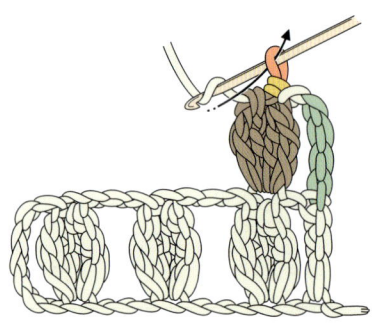
2 첫 번째 코에 통과시켜 빼냅니다. 사슬코를 떠서 조입니다(뜨개코는 뒤로 볼록하게 나옵니다).

## 한길 긴 5코 팝콘뜨기

 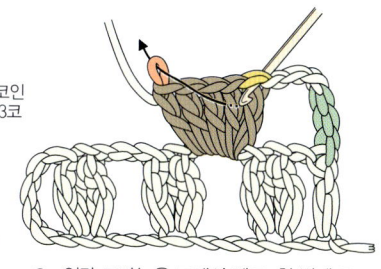

1 앞단의 사슬 아래쪽 공간에 한길 긴뜨기 5코를 뜹니다.

2 일단 코바늘을 코에서 빼고, 첫 번째 코에 코바늘을 뒤에서 넣습니다. 코바늘을 뺀 코에도 코바늘을 넣고

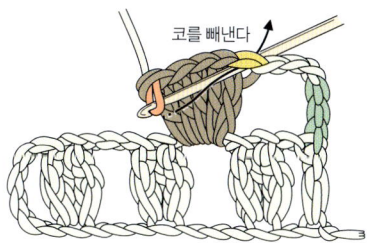 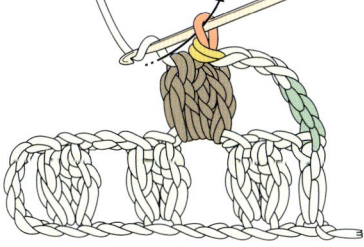 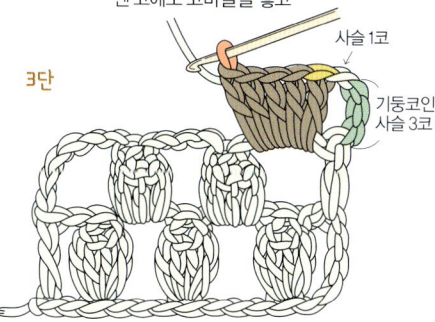

3 첫 번째 코에 통과시켜 빼냅니다.

4 사슬코를 떠서 조입니다(뜨개코는 뒤로 볼록하게 나옵니다).

1 앞단의 사슬 아래쪽 공간에 한길 긴뜨기 5코를 뜹니다.

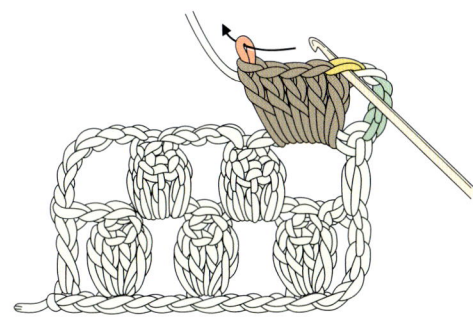 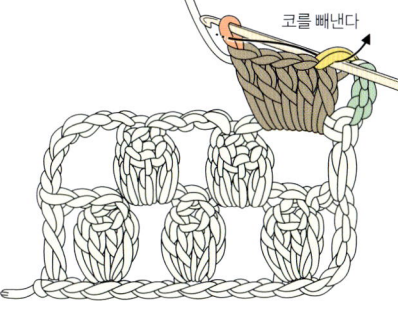 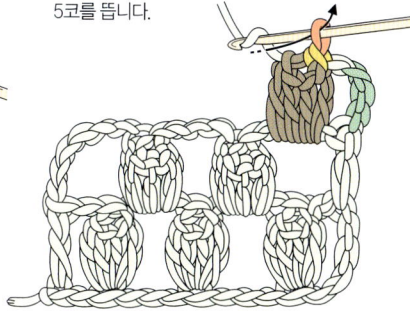

2 일단 코바늘을 코에서 빼고, 첫 번째 코에 코바늘을 앞에서 넣습니다. 코바늘을 뺀 코에도 코바늘을 넣고

3 첫 번째 코에 통과시켜 빼냅니다.

4 사슬코를 떠서 조입니다.

 ## 긴 5코 팝콘뜨기

 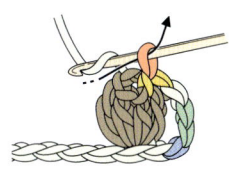 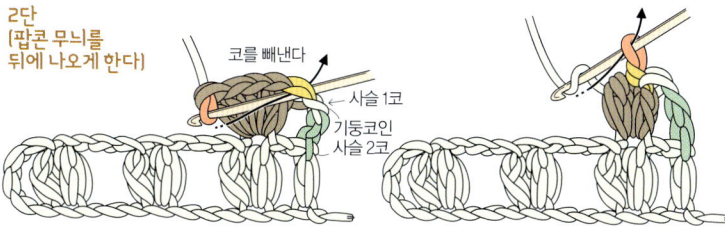

1 사슬코 산에 긴뜨기 5코를 뜹니다. 일단 코바늘을 코에서 빼고, 첫 번째 코에 코바늘을 앞에서 넣습니다. 코바늘을 뺀 코에도 코바늘을 넣고 첫 번째 코에 통과시켜 빼냅니다.

2 사슬코를 떠서 조입니다.

1 앞단의 머리에 긴뜨기 5코를 뜬 뒤, 일단 코바늘을 코에서 빼고 첫 번째 코에 코바늘을 뒤에서 넣습니다. 코바늘을 뺀 코에도 코바늘을 넣고 첫 번째 코에 통과시켜 빼냅니다.

2 사슬코를 떠서 조입니다(뜨개코는 뒤로 볼록하게 나옵니다).

# 피코뜨기

사슬뜨기로 고리를 만들면 귀여운 장식이 완성됩니다.
무늬뜨기의 포인트나 테두리뜨기에 딱 좋습니다.

피코뜨기
빼뜨기의 피코뜨기
짧은 피코뜨기
빼뜨기의 피코뜨기 가운데의 한길 긴뜨기에서 뜨기)
(솔잎뜨기 가운데의 한길 긴뜨기에서 뜨기)
빼뜨기의 피코뜨기
(사슬뜨기 가운데에서 뜨기)
빼뜨기의 피코뜨기(한길 긴뜨기에서 뜨기)

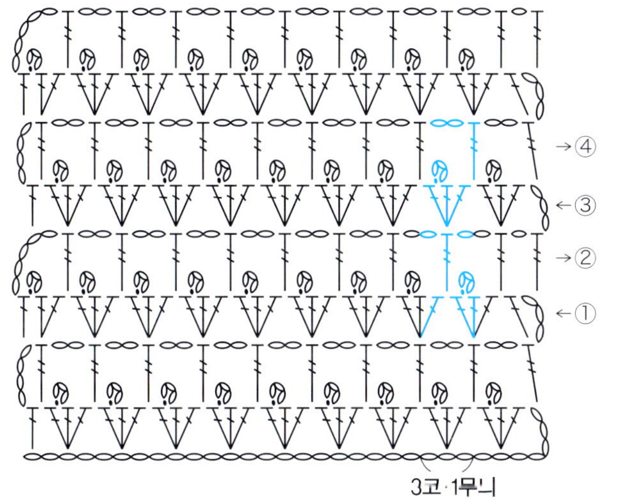

065

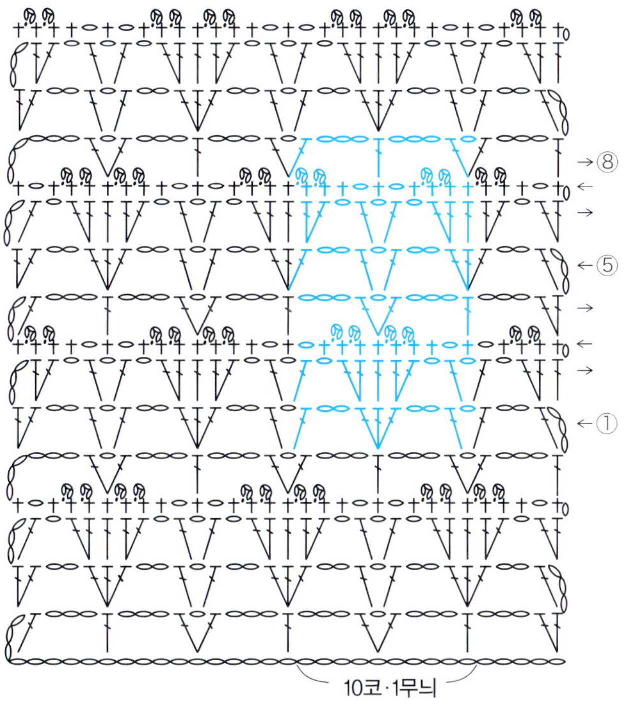

066

3코·1무늬

10코·1무늬

067 패턴은 109쪽에 나와 있습니다.

067

디자인/시다 히토미  사용실/065=20g·약 88m  066=10g·약 44m  067=50g·약 218m

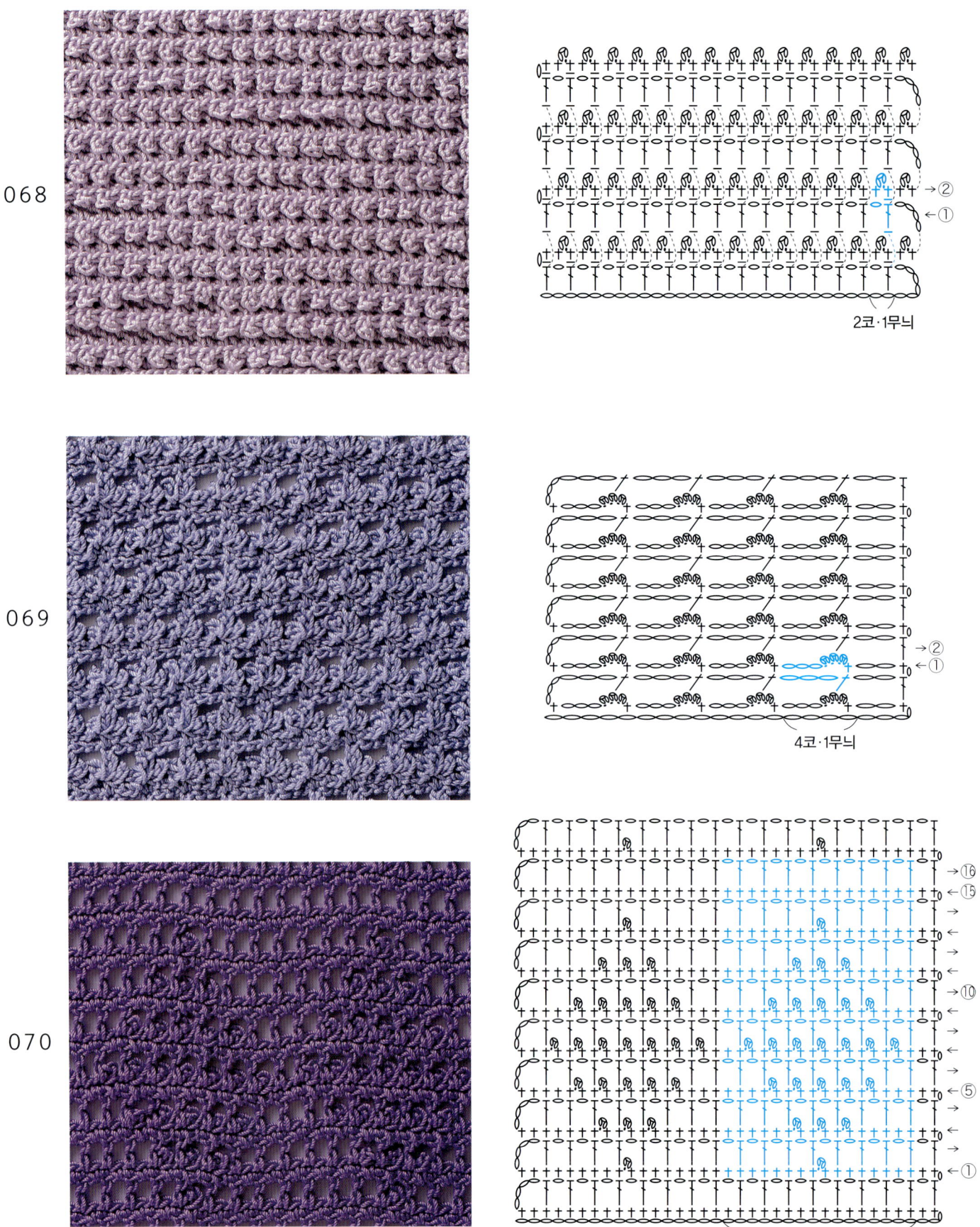

068

069

070

2코·1무늬

4코·1무늬

16코·1무늬

디자인/오타 다카스미  사용실/068, 069=50g·약 218m  070=10g·약 44m

## 피코뜨기

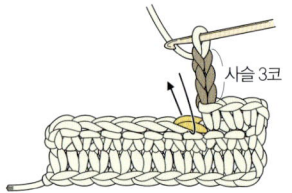
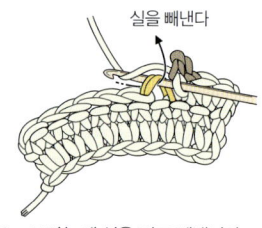
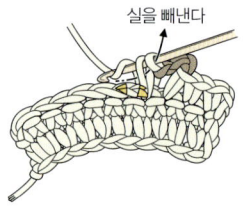

1. 사슬뜨기 3코를 뜨고, 화살표와 같이 짧은뜨기의 머리(실 2가닥)에 코바늘을 넣습니다.
2. 코바늘에 실을 걸고 빼냅니다.
3. 코바늘에 실을 걸고, 코바늘에 걸린 2개의 고리 안으로 빼냅니다.

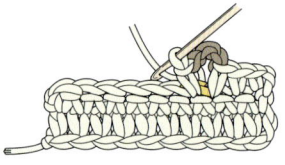

4. 피코뜨기를 완성했습니다.

## 빼뜨기의 피코뜨기

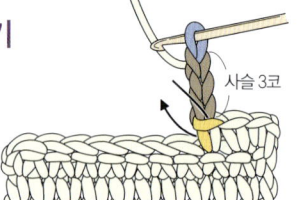
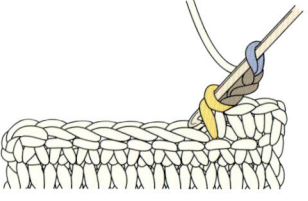
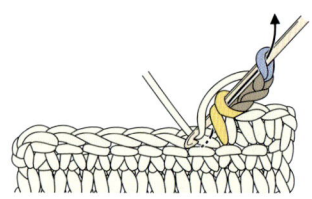

1. 사슬뜨기 3코를 뜨고, 화살표와 같이 짧은뜨기 머리 앞쪽의 실 1가닥과 다리의 실 1가닥에 코바늘 넣습니다.
2. 코바늘을 넣은 모습입니다.
3. 코바늘에 실을 걸고, 짧은뜨기의 다리, 머리, 코바늘에 걸린 코 안으로 한 번에 빼냅니다.

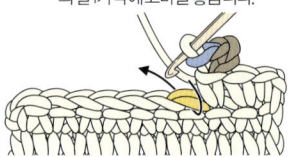
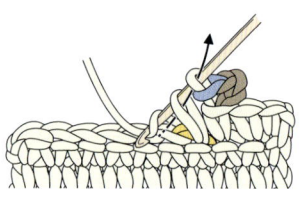
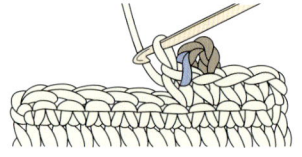

4. 빼뜨기의 피코뜨기를 완성했습니다. 다음 짧은뜨기의 머리(실 2가닥)에 코바늘을 넣습니다.
5. 코바늘에 실을 걸고 빼냅니다. 다시 코바늘에 실을 걸고, 코바늘에 걸린 2개의 고리 안으로 빼냅니다.
6. 다음 짧은뜨기를 뜨면 코가 안정됩니다.

## 빼뜨기의 피코뜨기 (솔잎뜨기 가운데의 한길 긴뜨기에서 뜨기)

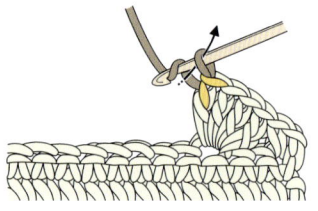
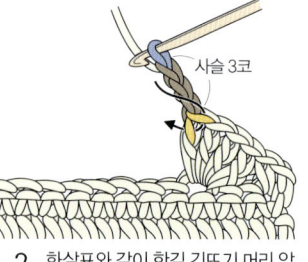
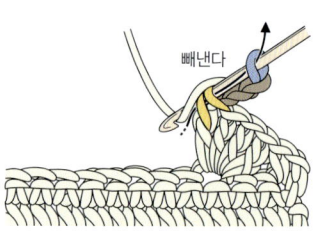

1. 솔잎뜨기 가운데의 한길 긴뜨기에 사슬뜨기 3코를 뜹니다.
2. 화살표와 같이 한길 긴뜨기 머리 앞쪽의 실 1가닥과 다리의 실 1가닥에 코바늘을 넣습니다.
3. 코바늘에 실을 걸고, 한길 긴뜨기의 다리, 머리, 코바늘에 걸린 코안으로 한 번에 빼냅니다.

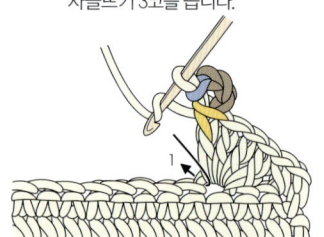
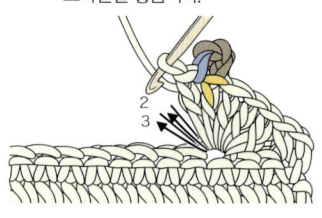
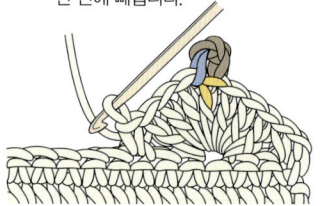

4. 빼뜨기의 피코뜨기를 완성했습니다. 코바늘에 실을 걸고, 같은 짧은뜨기의 머리(실 2가닥)에 코바늘을 넣습니다.
5. 한길 긴뜨기 3코를 뜹니다.
6. 솔잎뜨기 가운데의 한길 긴뜨기에 빼뜨기의 피코뜨기를 떴습니다.

##  짧은 피코뜨기

 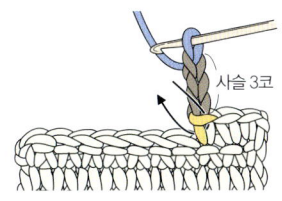

1 사슬뜨기3코를 뜨고, 화살표와 같이 짧은뜨기 머리 앞쪽의 실 1가닥과 다리의 실 1가닥에 코바늘을 넣습니다.

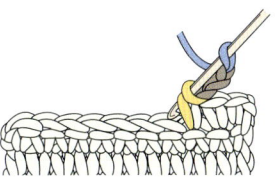

2 코바늘을 넣은 모습입니다.

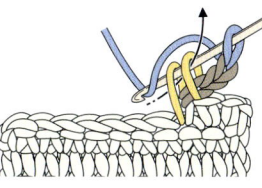

3 코바늘에 실을 걸고, 짧은뜨기의 다리, 머리 안으로 실을 빼냅니다.

피코뜨기

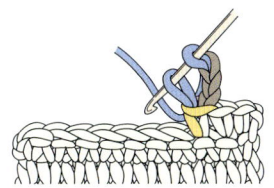 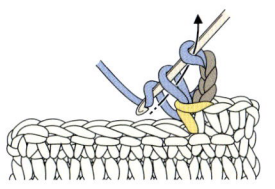

4 실을 빼낸 모습입니다.

5 코바늘에 실을 걸고, 코바늘에 걸린 2개의 고리 안으로 빼냅니다.

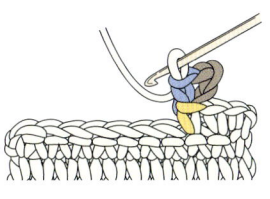

6 짧은 피코뜨기를 완성했습니다.

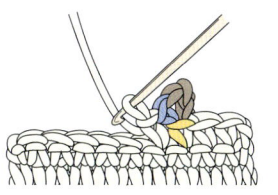

7 다음 짧은뜨기를 뜨면 코가 안정됩니다.

##  빼뜨기의 피코뜨기
(사슬뜨기 가운데에서 뜨기)

 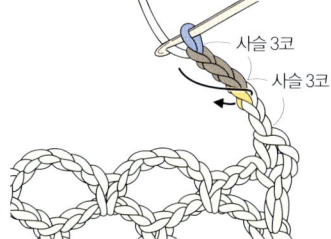

1 피코뜨기할 사슬 3코를 뜨고, 화살표와 같이 사슬 반코와 코산에 코바늘을 넣습니다.

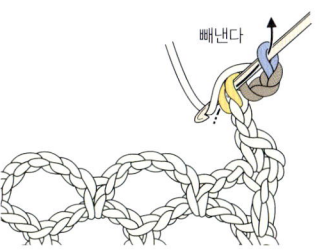

2 코바늘에 실을 걸고, 사슬 반코와 코산, 코바늘에 걸린 코 안으로 한 번에 빼냅니다.

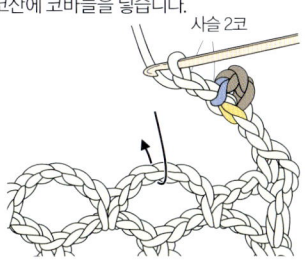

3 빼뜨기의 피코뜨기를 완성했습니다.

4 사슬뜨기를 뜹니다.

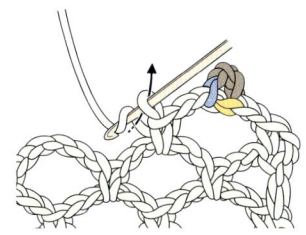

5 앞단의 사슬뜨기 아래쪽 공간에 짧은뜨기를 뜹니다.

## 빼뜨기의 피코뜨기
(한길 긴뜨기에서 뜨기)

 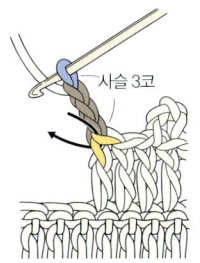

1 사슬뜨기 3코를 뜨고, 화살표와 같이 한길 긴뜨기 머리 앞쪽의 실 1가닥과 다리의 실 1가닥에 코바늘을 넣습니다.

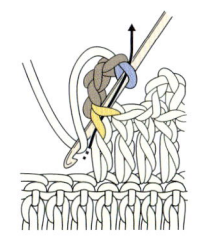

2 코바늘에 실을 걸고, 한길 긴뜨기의 다리, 머리, 코바늘에 걸린 코 안으로 한 번에 빼냅니다.

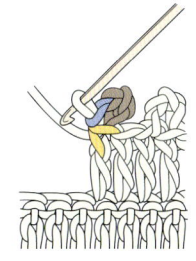

3 빼뜨기의 피코뜨기를 완성했습니다.

# 교차뜨기

╳╳╳
╳╳╳

코와 코를 교차시켜서 뜨는 방법입니다.
멋진 무늬가 나오기 때문에 무늬뜨기의 변화를 즐길 수 있습니다.
코를 교차시키는 만큼, 보통 뜨개코보다 다리를 길게 뜹니다.

한길 긴 1코 교차뜨기
한길 긴 1코 교차뜨기(사이에 사슬1코 뜨기)
긴 1코 교차뜨기
두길 긴 1코 교차뜨기
변형 한길 긴 1코 교차뜨기(오른코 뒤)
변형 한길 긴 1코 교차뜨기(왼코 뒤)
변형 한길 긴 1코와 3코 교차뜨기(오른코 뒤)
변형 한길 긴 1코와 3코 교차뜨기(왼코 뒤)

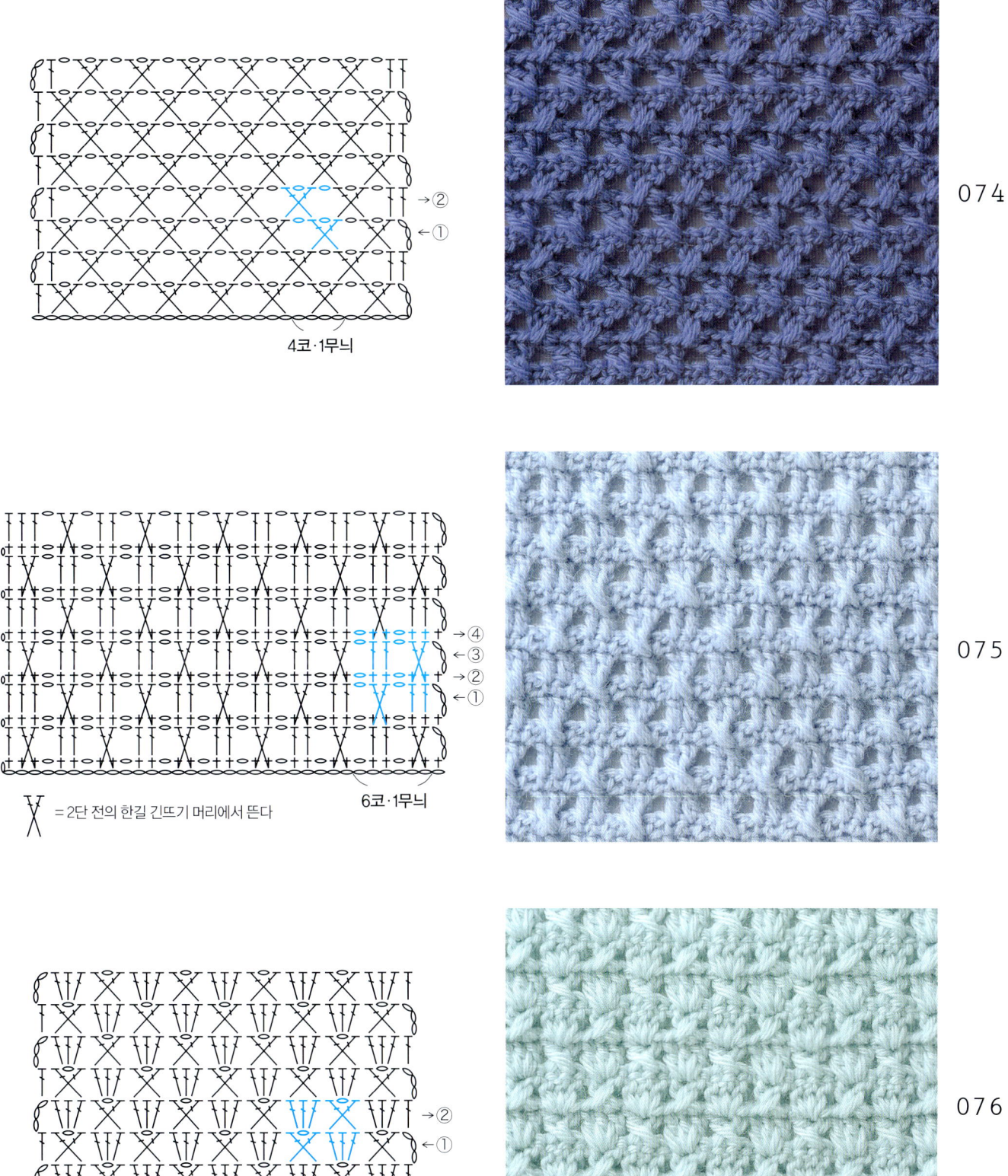

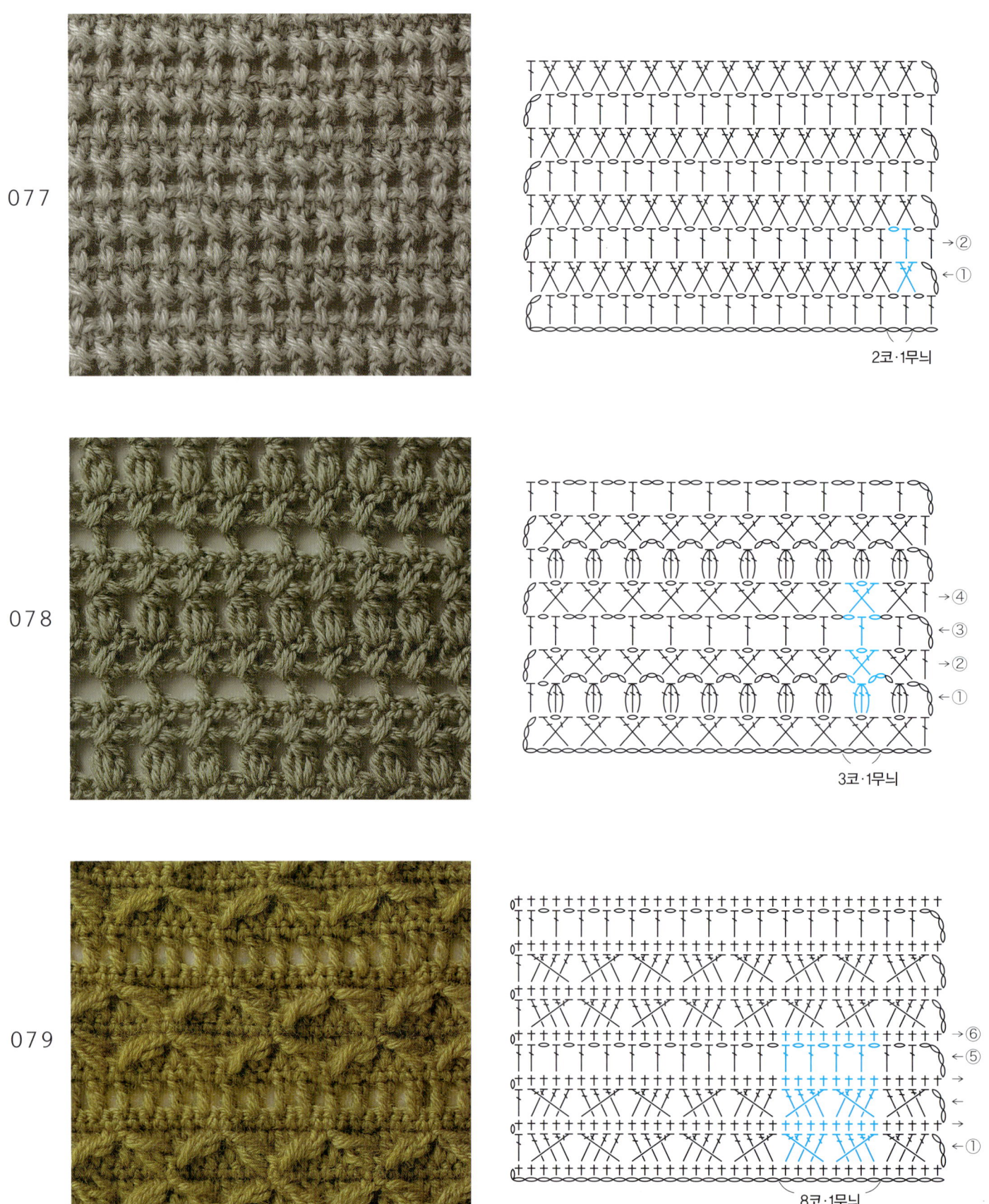

## 한길 긴 1코 교차뜨기

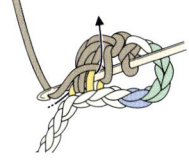

**1단**

1. 코바늘에 실을 걸고, 사슬코 산에 코바늘을 넣어 한길 긴뜨기를 1코 뜹니다.
2. 코바늘에 실을 걸고, 화살표와 같이 1코 뒤쪽의 사슬코 산에 코바늘을 넣습니다.
3. 코바늘에 실을 걸고 빼냅니다.
4. 코바늘에 실을 걸고, 바늘 끝에 걸린 2개의 고리 안으로 실을 빼냅니다.

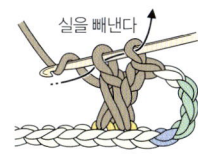
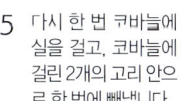

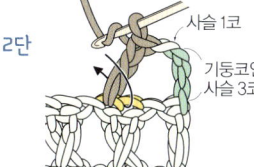
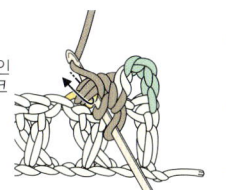
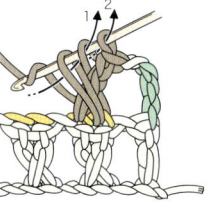
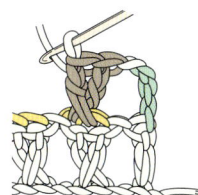

5. 다시 한 번 코바늘에 실을 걸고, 코바늘에 걸린 2개의 고리 안으로 한번에 빼냅니다.
6. 한길 긴 1코 교차뜨기를 완성했습니다.

**2단**

1. 1코째 한길 긴뜨기를 앞단 두 번째 코의 머리(실 2가닥)에 뜹니다. 코바늘에 실을 걸고, 1코 뒤쪽의 코에 코바늘을 넣습니다.
2. 앞으로 눕힌 채로 코바늘에 실을 겁니다. 1코째 한길 긴뜨기를 감싸듯이 실을 빼냅니다.
3. 코바늘에 실을 걸고, 바늘 끝에 걸린 2개의 고리 안으로 실을 빼냅니다. 다시 코바늘에 실을 걸고, 코바늘에 걸린 2개의 고리 안으로 빼냅니다.
4. 한길 긴 1코 교차뜨기를 완성했습니다.

교차뜨기

## 한길 긴 1코 교차뜨기 (사이에 사슬 1코 뜨기)

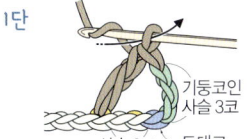

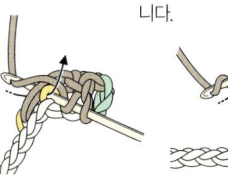
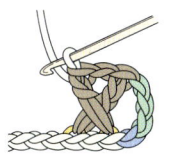

**1단**

1. 사슬코 산에 한길 긴뜨기 1코를 뜬 뒤 사슬뜨기를 1코 뜹니다.
2. 코바늘에 실을 걸고, 2코 뒤쪽의 사슬코 산에 코바늘을 넣습니다.
3. 코바늘에 실을 걸고, 화살표와 같이 실을 빼냅니다.
4. 코바늘에 실을 걸고, 한길 긴뜨기를 뜹니다.
5. 한길 긴 1코 교차뜨기를 완성했습니다.

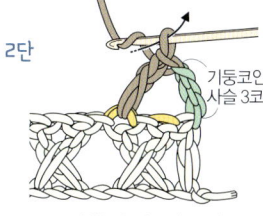
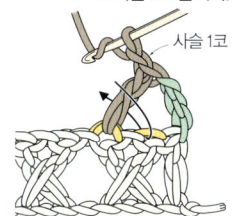
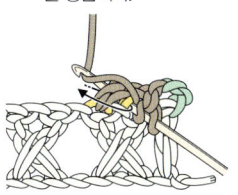
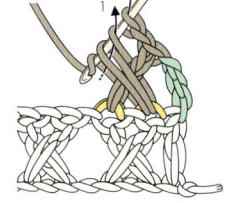
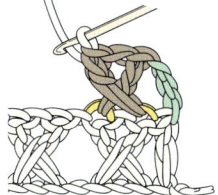

**2단**

1. 1코째 한길 긴뜨기를 앞단 세 번째 코의 머리(실 2가닥)에 뜬 뒤 사슬뜨기를 1코 뜹니다.
2. 코바늘에 실을 걸고, 화살표와 같이 2코 뒤쪽의 코에 코바늘을 넣습니다.
3. 앞으로 눕힌 채로 코바늘에 실을 겁니다. 1코째 한길 긴뜨기를 감싸듯이 실을 빼냅니다.
4. 코바늘에 실을 걸고, 바늘 끝에 걸린 2개의 고리 안으로 실을 빼냅니다. 다시 코바늘에 실을 걸고, 코바늘에 걸린 2개의 고리 안으로 빼냅니다.
5. 한길 긴 1코 교차뜨기를 완성했습니다.

## 긴 1코 교차뜨기

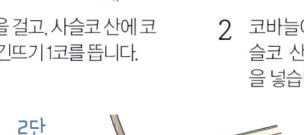

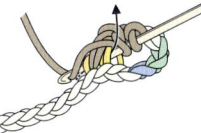

**1단**

1. 코바늘에 실을 걸고, 사슬코 산에 코바늘을 넣어 긴뜨기 1코를 뜹니다.
2. 코바늘에 실을 걸고, 1코 뒤쪽의 사슬코 산에 화살표와 같이 코바늘을 넣습니다.
3. 코바늘에 실을 걸고, 화살표와 같이 실을 빼냅니다.

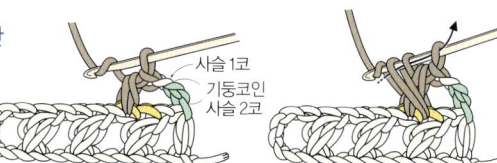

4. 코바늘에 실을 걸고, 코바늘에 걸린 3개의 고리 안으로 한번에 빼냅니다.
5. 긴 1코 교차뜨기를 완성했습니다.

**2단**

1. 1코째 긴뜨기를 앞단 두 번째 코의 머리(실 2가닥)에 뜨고, 코바늘에 실을 겁니다.
2. 1코 뒤쪽의 코에 코바늘을 넣고, 1코째 긴뜨기를 감싸듯이 실을 빼내 긴뜨기를 뜹니다.
3. 긴 1코 교차뜨기를 완성했습니다.

## 변형 한길 긴 1코 교차뜨기 (오른코 뒤)

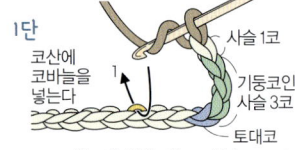

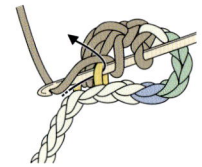

**1단**
1. 코바늘에 실을 걸고, 사슬코 산에 한길 긴뜨기 1코를 뜹니다.
2. 코바늘에 실을 걸고, 화살표와 같이 1코 뒤쪽의 사슬코 산에 코바늘을 넣습니다(1코째 한길 긴뜨기는 뒤로 비켜난다).
3. 코바늘에 실을 걸고, 화살표와 같이 실을 빼냅니다.
4. 한길 긴뜨기를 뜹니다. 1코째 한길 긴뜨기는 감싸이지 않고, 뒤쪽에 있습니다.

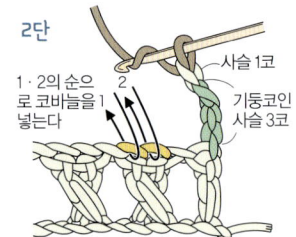
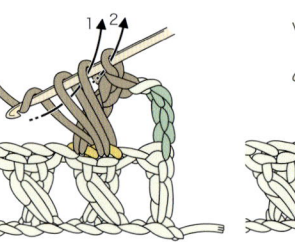

**2단**
1. 1코째 한길 긴뜨기를 앞단 두 번째 코에 뜹니다.
2. 코바늘에 실을 걸고, 1코 뒤쪽의 코에 넣습니다(1코째 한길 긴뜨기는 뒤로 비켜난다). 코바늘에 실을 걸고 빼냅니다.
3. 한길 긴뜨기를 뜹니다. 1코째 한길 긴뜨기는 감싸이지 않고, 뒤쪽에 있습니다.
4. 변형 한길 긴 1코 교차뜨기(오른코 뒤)를 완성했습니다.

5. 변형 한길 긴 1코 교차뜨기(오른코 뒤)를 완성했습니다.

## 변형 한길 긴 1코 교차뜨기 (왼코 뒤)

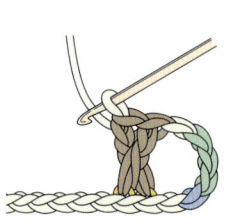
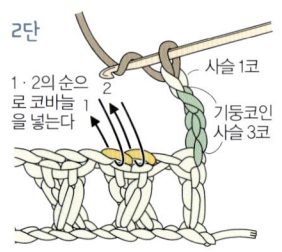
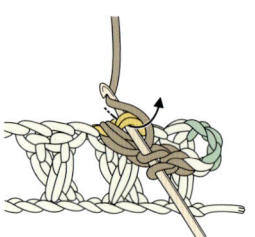
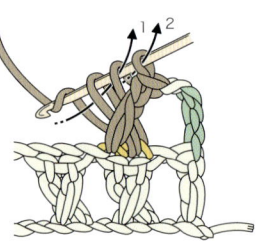
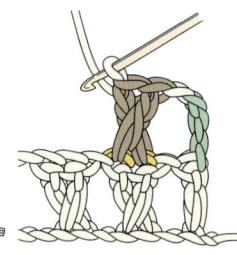

**1단**
1. 코바늘에 실을 걸고, 사슬코 산에 한길 긴뜨기를 1코 뜹니다.
2. 코바늘에 실을 걸고, 화살표와 같이 1코 뒤쪽의 사슬코 산에 코바늘을 넣습니다(1코째 한길 긴뜨기는 앞으로 비켜난다).
3. 코바늘에 실을 걸고, 화살표와 같이 실을 빼냅니다.
4. 한길 긴뜨기를 뜹니다. 1코째 한길 긴뜨기는 감싸이지 않고, 앞쪽에 있습니다.

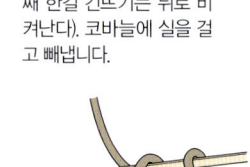
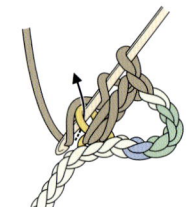
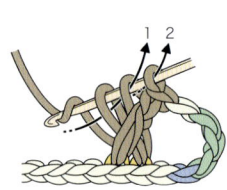

**2단**
1. 1코째 한길 긴뜨기를 앞단 두 번째 코에 뜹니다.
2. 코바늘에 실을 걸고, 1코 뒤쪽의 코에 넣습니다(1코째 한길 긴뜨기는 앞으로 비켜난다). 코바늘에 실을 걸고 빼냅니다.
3. 한길 긴뜨기를 뜹니다. 1코째 한길 긴뜨기는 감싸이지 않고, 앞쪽에 있습니다.
4. 변형 한길 긴 1코 교차뜨기(왼코 뒤)를 완성했습니다.

5. 변형 한길 긴 1코 교차뜨기(왼코 뒤)를 완성했습니다.

## 두길 긴 1코 교차뜨기

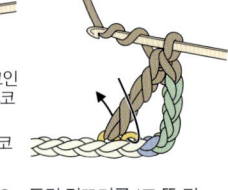
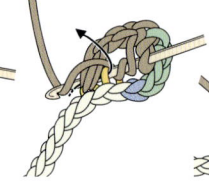
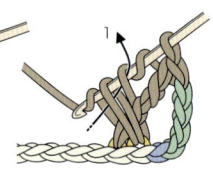
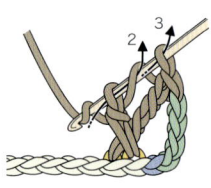

**1단**
1. 코바늘에 실을 2번 감고, 사슬코 산에 코바늘을 넣습니다.
2. 두길 긴뜨기를 1코 뜬 뒤, 코바늘에 실을 2번 감고 화살표와 같이 1코 뒤쪽의 사슬코 산에 코바늘을 넣습니다.
3. 코바늘에 실을 걸고, 화살표와 같이 실을 빼냅니다.
4. 코바늘에 실을 걸고, 바늘 끝에 걸린 2개의 고리 안으로 실을 빼냅니다.
5. 다시 한 번 코바늘에 실을 걸고, 바늘 끝에 걸린 2개의 고리 안으로 실을 빼냅니다. 남은 2개의 고리 안으로 한 번에 빼냅니다.

## 변형 한길 긴 1코와 3코 교차뜨기(오른코 뒤)

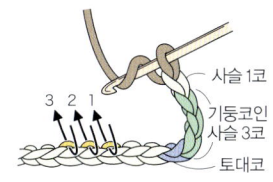

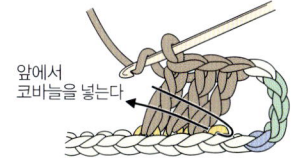

1 코바늘에 실을 걸고, 사슬코 산에 코바늘을 넣어 한길 긴뜨기 3코를 뜹니다.

2 먼저 한길 긴뜨기 1코를 뜹니다. 코바늘에 실을 걸고, 2코째 한길 긴뜨기를 뜹니다.

3 3코째 한길 긴뜨기를 뜹니다. 코바늘에 실을 걸고, 3코 뒤쪽의 사슬코 산에 코바늘을 넣습니다(한길 긴뜨기 3코는 뒤로 비켜난다).

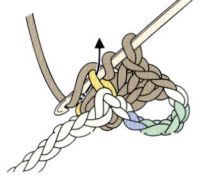

4 코바늘에 실을 걸고, 화살표와 같이 실을 넉넉하게 빼냅니다.

5 코바늘에 실을 걸고, 바늘 끝에 걸린 2개의 고리 안으로 실을 빼냅니다.

6 코바늘에 실을 걸고, 코바늘에 걸린 2개의 고리 안으로 빼냅니다. 한길 긴뜨기 3코는 감싸이지 않고, 뒤쪽에 있습니다.

7 변형 한길 긴 1코와 3코 교차뜨기(오른코 뒤)를 완성했습니다.

## 변형 한길 긴 1코와 3코 교차뜨기(왼코 뒤)

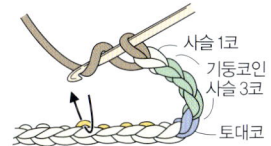

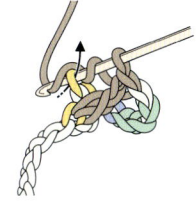

1 코바늘에 실을 걸고, 사슬코 산에 코바늘을 넣어 한길 긴뜨기 1코를 뜹니다(다리는 길게 뜬다).

2 코바늘에 실을 걸고, 3코 뒤쪽의 사슬코 산에 코바늘을 넣습니다(한길 긴뜨기 1코는 앞으로 비켜난다).

3 코바늘에 실을 걸고, 화살표와 같이 실을 빼냅니다.

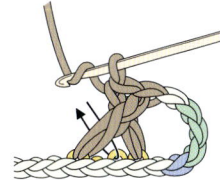
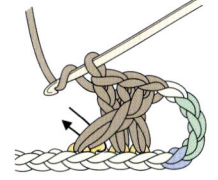

4 한길 긴뜨기 1코를 뜹니다.

5 코바늘에 실을 걸고, 3코째 한길 긴뜨기를 뜹니다.

6 코바늘에 실을 걸고, 4코째 한길 긴뜨기를 뜹니다.

7 1코째 한길 긴뜨기는 감싸이지 않고, 앞쪽에 있습니다. 변형 한길 긴 1코와 3코 교차뜨기(왼코 뒤)를 완성했습니다.

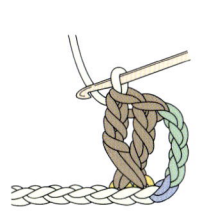
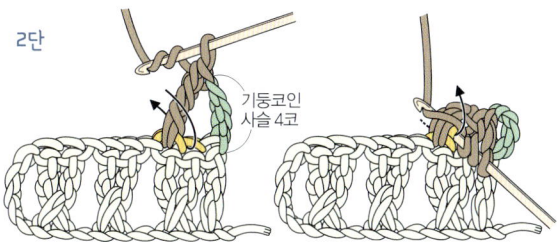
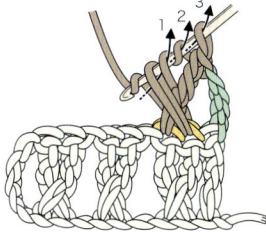
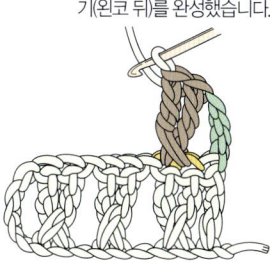

6 두길 긴 1코 교차뜨기를 완성했습니다.

1 1코째 두길 긴뜨기를 앞단 두 번째 코의 머리(실 2가닥)에 뜹니다. 코바늘에 실을 2번 감고, 1코 뒤쪽의 코에 코바늘을 넣습니다.

2 앞으로 눕힌 채로 코바늘에 실을 겁니다. 1코째 두길 긴뜨기를 감싸듯이 실을 빼냅니다.

3 코바늘에 실을 걸고, 바늘 끝에 걸린 2개의 고리 안으로 실을 빼냅니다(2번 반복). 다시 코바늘에 실을 걸고, 코바늘에 걸린 2개의 고리 안으로 실을 빼냅니다.

4 두길 긴 1코 교차뜨기를 완성했습니다.

# 걸어뜨기

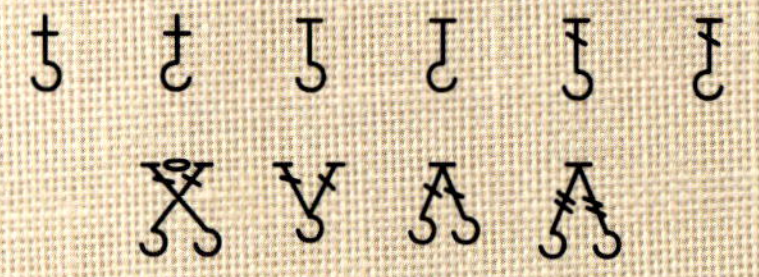

앞단이나 2단 전의 뜨개코 다리를 주워서 뜨는 방법입니다.
뜬 코가 앞단이나 2단 전의 앞에 나타나면 앞걸어뜨기,
뒤에 나타나면 뒤걸어뜨기입니다.
뜨개바탕에 입체감과 두께감이 있습니다.

짧은 앞걸어뜨기
짧은 뒤걸어뜨기
긴 앞걸어뜨기
긴 뒤걸어뜨기
한길 긴 앞걸어뜨기
한길 긴 뒤걸어뜨기

한길 긴 앞걸어 1코 교차뜨기
(사이에 사슬 1코 뜨기)
한길 긴 앞걸어 2코 늘려뜨기
한길 긴 앞걸어 2코 모아뜨기
두길 긴 앞걸어 2코 모아뜨기

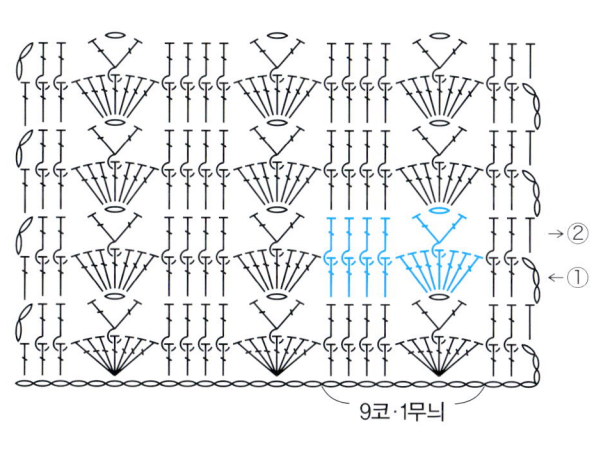

080

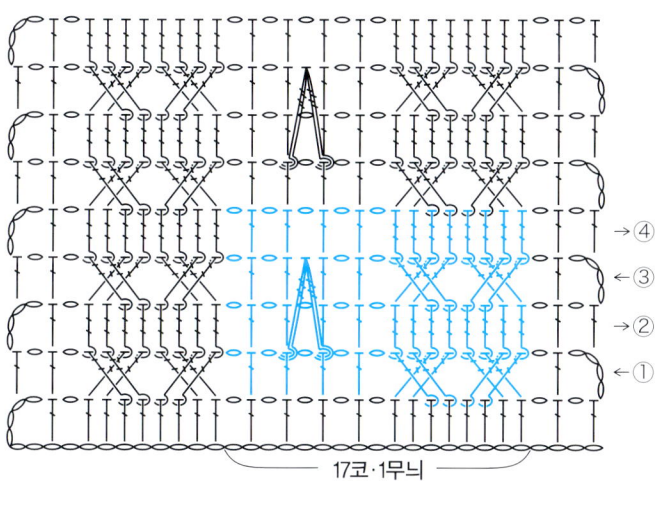

081

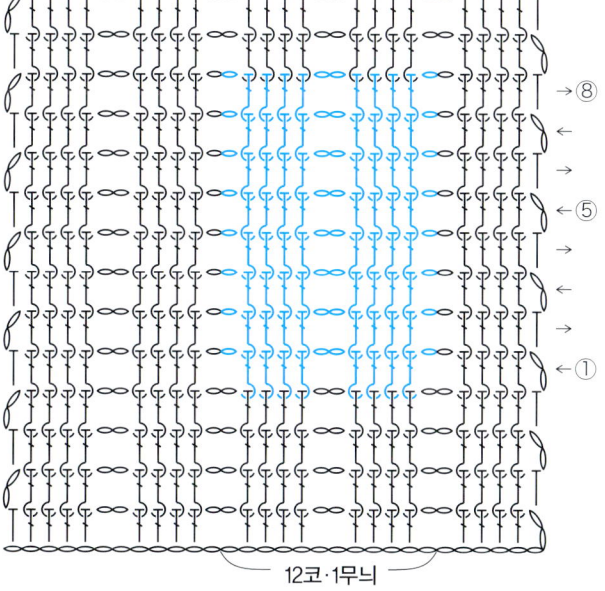

082

디자인/시바타 준 사용실/40g·약 180m

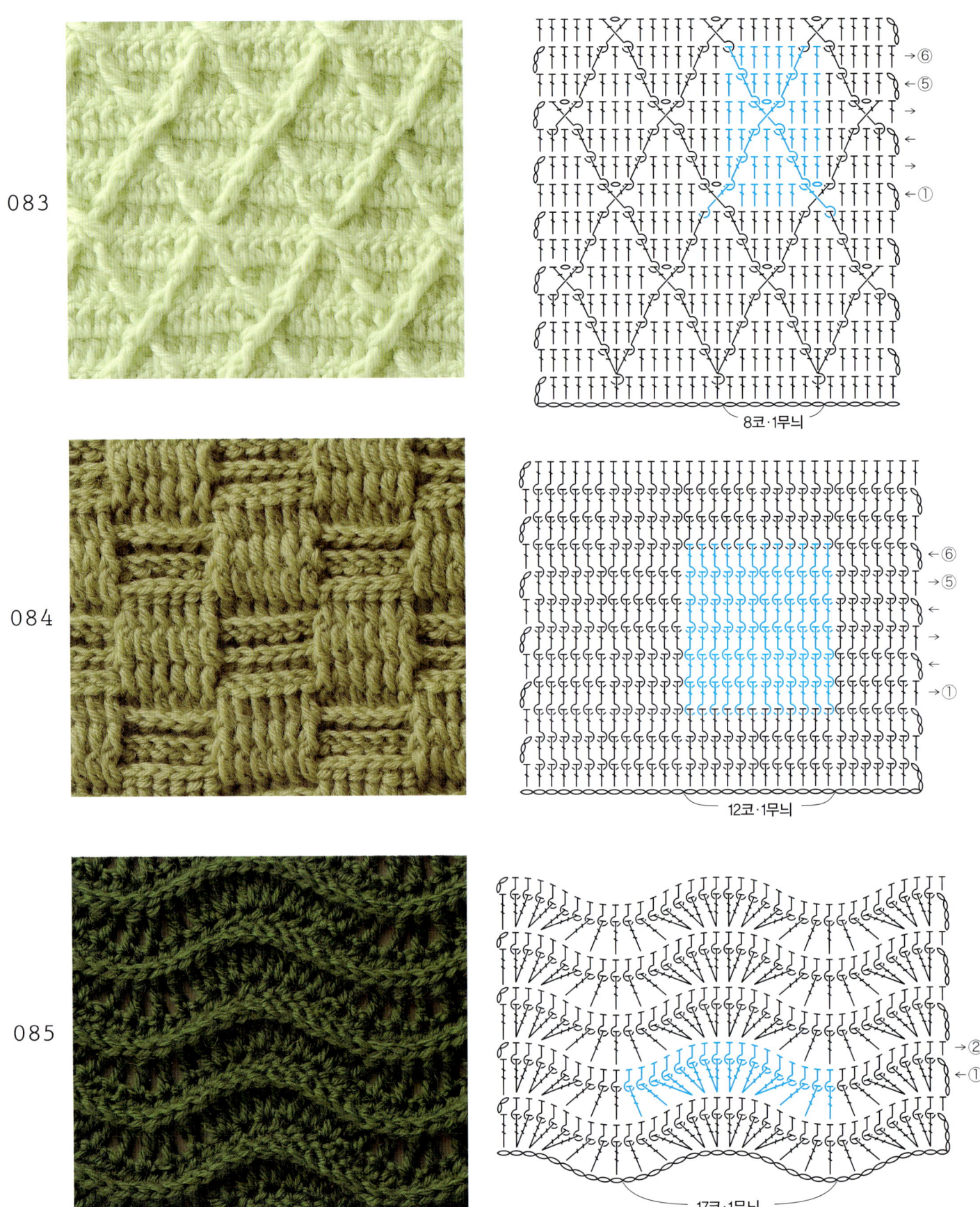

 086

 087 걸어 뜨기

086 패턴은 109쪽에 나와 있습니다.

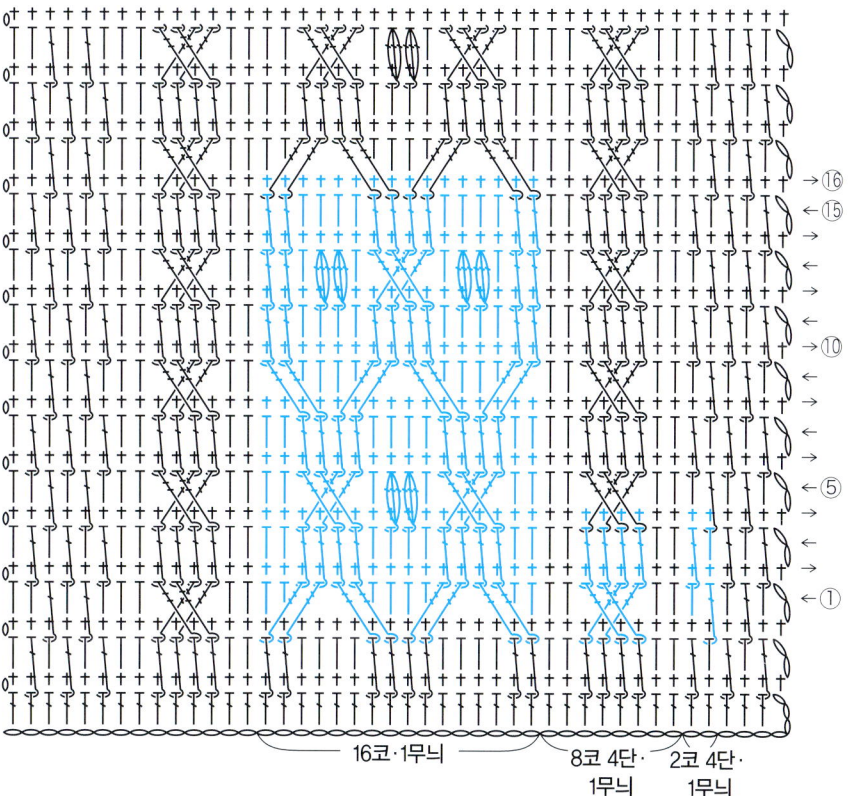

16코·1무늬    8코 4단·1무늬    2코 4단·1무늬

디자인/다케다 아쓰코  사용실/40g·약 180m

## 짧은 앞걸어뜨기

**1단**

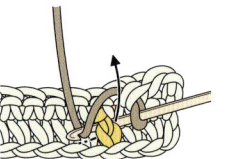
1 2단 전의 짧은뜨기 코에 화살표와 같이 앞에서 코바늘을 넣습니다.

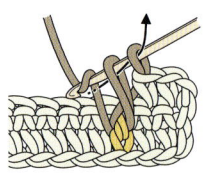
2 코바늘에 실을 걸고 길게 빼냅니다.

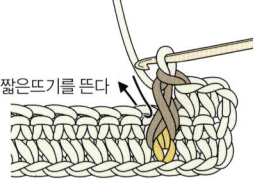
3 코바늘에 실을 걸고, 코바늘에 걸린 2개의 고리 안으로 빼냅니다.

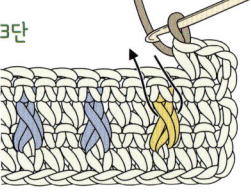
4 다음 짧은뜨기는 앞단을 1코 건너뛰어 뜹니다.

**3단**

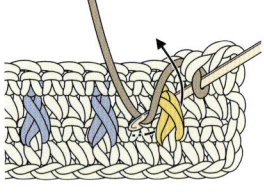
1 2단 전의 짧은 앞걸어뜨기 코에 화살표와 같이 앞에서 코바늘을 넣습니다.

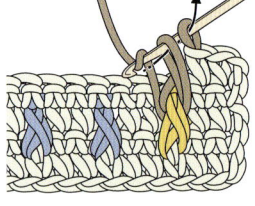
2 코바늘에 실을 걸고 길게 빼냅니다.

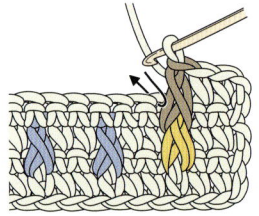
3 코바늘에 실을 걸고, 코바늘에 걸린 2개의 고리 안으로 빼냅니다.

4 다음 짧은뜨기는 앞단을 1코 건너뛰어 뜹니다.

## 긴 앞걸어뜨기

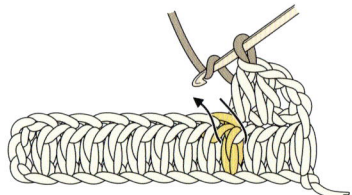
1 코바늘에 실을 걸고, 앞단 코의 다리에 화살표와 같이 앞에서 코바늘을 넣습니다.

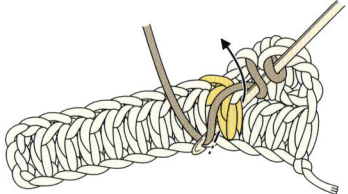
2 코바늘에 실을 걸고 길게 빼냅니다.

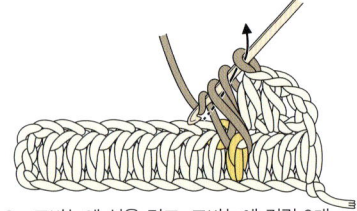
3 코바늘에 실을 걸고, 코바늘에 걸린 3개의 고리 안으로 한 번에 빼냅니다.

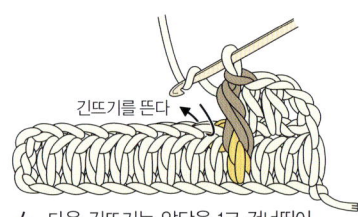
4 다음 긴뜨기는 앞단을 1코 건너뛰어 뜹니다.

## 한길 긴 앞걸어뜨기

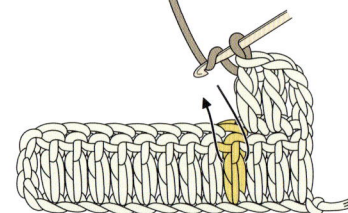
1 코바늘에 실을 걸고, 앞단 코의 다리에 화살표와 같이 앞에서 코바늘을 넣습니다.

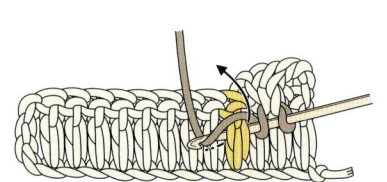
2 코바늘에 실을 걸고 길게 빼냅니다.

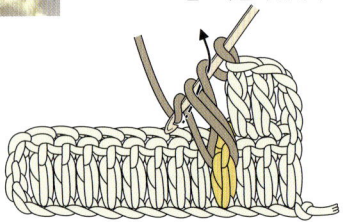
3 코바늘에 실을 걸고, 바늘 끝에 걸린 2개의 고리 안으로 실을 빼냅니다.

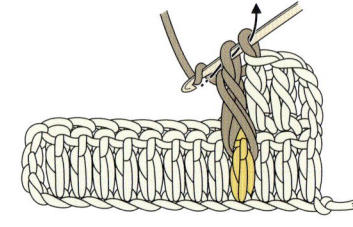
4 코바늘에 실을 걸고, 코바늘에 걸린 2개의 고리 안으로 빼냅니다.

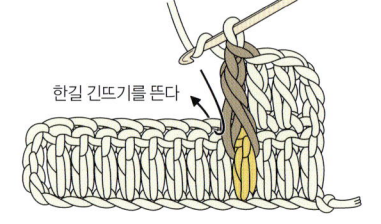
5 다음 한길 긴뜨기는 앞단을 1코 건너뛰어 뜹니다.

## 짧은 뒤걸어뜨기

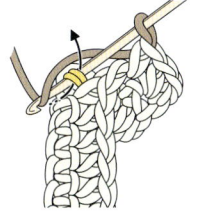 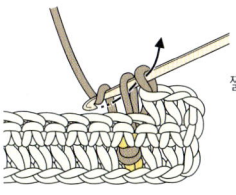 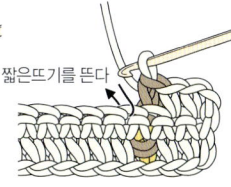

1 2단 전의 짧은뜨기 코에 화살표와 같이 뒤에서 코바늘을 넣습니다.

2 코바늘에 실을 걸고 길게 빼냅니다.

3 코바늘에 실을 걸고, 코바늘에 걸린 2개의 고리 안으로 빼냅니다.

4 다음 짧은뜨기는 앞단을 1코 건너뛰어 뜹니다.

## 긴 뒤걸어뜨기

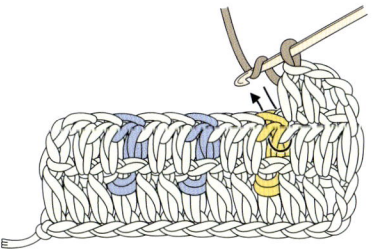 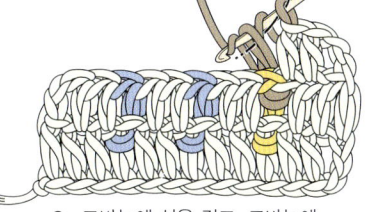

1 코바늘에 실을 걸고, 앞단 코의 다리에 화살표와 같이 뒤에서 코바늘을 넣습니다.

2 코바늘에 실을 걸고 길게 빼냅니다.

 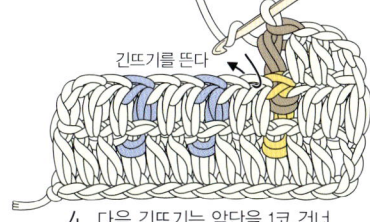

3 코바늘에 실을 걸고, 코바늘에 걸린 3개의 고리 안으로 한 번에 빼냅니다.

4 다음 긴뜨기는 앞단을 1코 건너뛰어 뜹니다.

## 한길 긴 뒤걸어뜨기

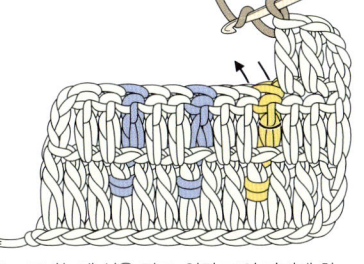 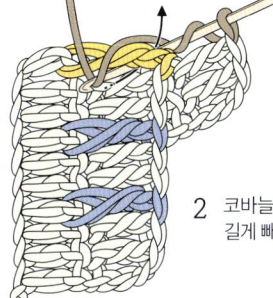

1 코바늘에 실을 걸고, 앞단 코의 다리에 화살표와 같이 뒤에서 코바늘을 넣습니다.

2 코바늘에 실을 걸고 길게 빼냅니다.

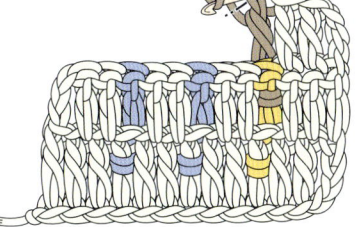  

3 코바늘에 실을 걸고, 바늘 끝에 걸린 2개의 고리 안으로 실을 빼냅니다.

4 코바늘에 실을 걸고, 코바늘에 걸린 2개의 고리 안으로 빼냅니다.

5 다음 한길 긴뜨기는 앞단을 1코 건너뛰어 뜹니다.

## 한길 긴 앞걸어 1코 교차뜨기 (사이에 사슬 1코 뜨기)

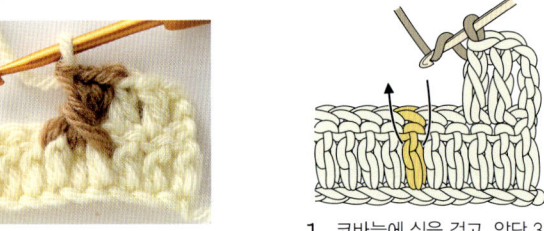
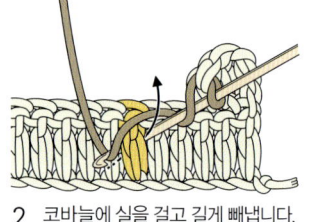
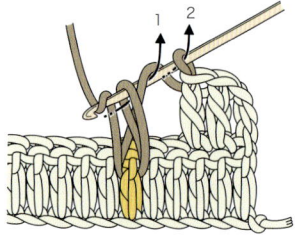

1. 코바늘에 실을 걸고, 앞단 3코 앞쪽 코의 다리에 화살표와 같이 앞에서 코바늘을 넣습니다.
2. 코바늘에 실을 걸고 길게 빼냅니다.
3. 코바늘에 실을 걸고, 바늘 끝에 걸린 2개의 고리 안으로 실을 빼냅니다. 다시 코바늘에 실을 걸고, 코바늘에 걸린 2개의 고리 안으로 빼냅니다.

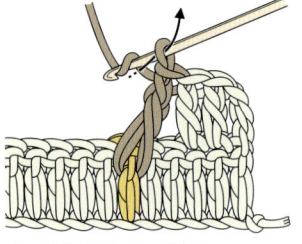
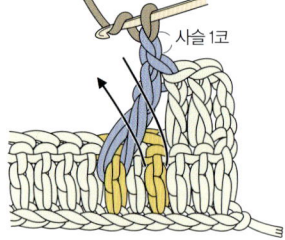
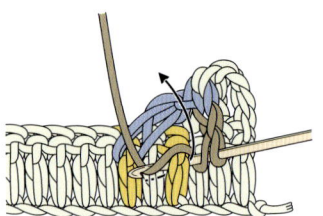
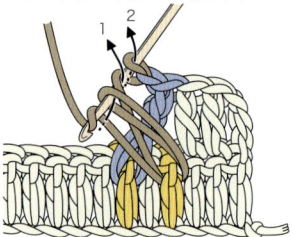

4. 사슬뜨기 1코를 뜹니다.
5. 코바늘에 실을 걸고, 2코 뒤쪽의 코의 다리에 화살표와 같이 앞에서 코바늘을 넣습니다.
6. 코바늘에 실을 걸고 길게 빼냅니다.
7. 한길 긴뜨기를 뜹니다.

8. 다음 한길 긴뜨기는 앞단을 3코 건너뛰어 뜹니다.

## 한길 긴 앞걸어 2코 모아뜨기

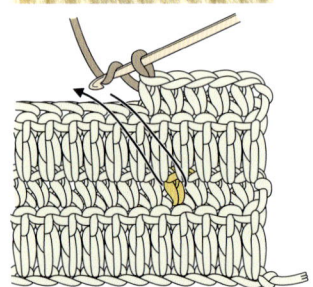
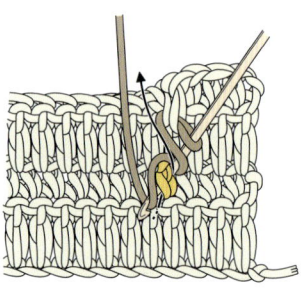
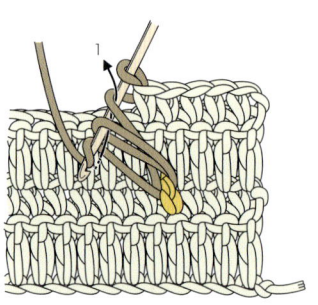
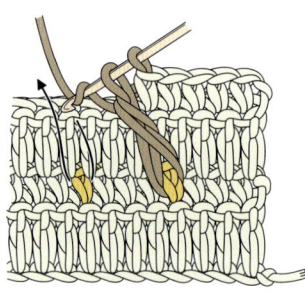

1. 코바늘에 실을 걸고, 2단 전에서 2코 되돌아간 짧은뜨기의 다리에 화살표와 같이 앞에서 코바늘을 넣습니다.
2. 코바늘에 실을 걸고 길게 빼냅니다.
3. 코바늘에 실을 걸고, 바늘 끝에 걸린 2개의 고리 안으로 실을 빼냅니다 (미완성 한길 긴 앞걸어뜨기).
4. 코바늘에 실을 걸고, 2단 전에서 3코를 건너뛰어 짧은뜨기의 다리에 화살표와 같이 앞에서 코바늘을 넣습니다.

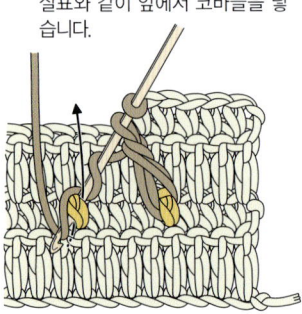
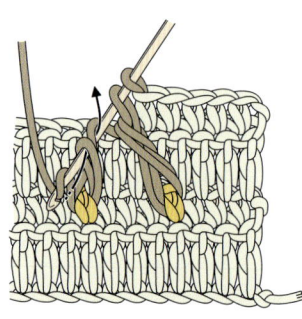
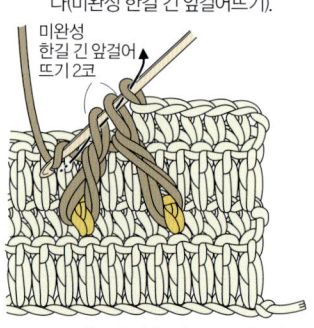
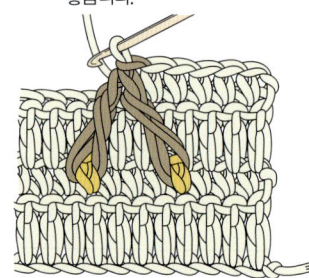

5. 코바늘에 실을 걸고 길게 빼냅니다.
6. 코바늘에 실을 걸고, 바늘 끝에 걸린 2개의 고리 안으로 실을 빼냅니다 (미완성 한길 긴 앞걸어뜨기).
7. 코바늘에 실을 걸고, 코바늘에 걸린 3개의 고리 안으로 빼냅니다.
8. 다음 짧은뜨기는 1코를 건너뛰어 뜹니다.

## 한길 긴 앞걸어 2코 늘려뜨기

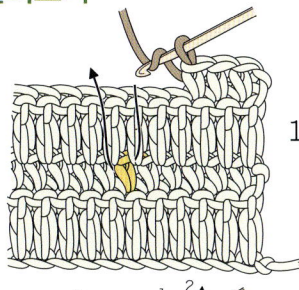

1 코바늘에 실을 걸고, 2단 전의 세 번째 짧은뜨기 다리에 화살표와 같이 앞에서 코바늘을 넣습니다.

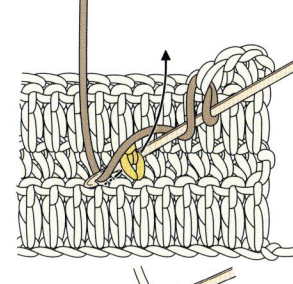

2 코바늘에 실을 걸고 길게 빼냅니다.

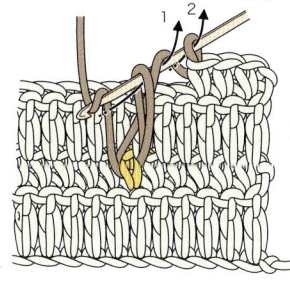

3 한길 긴뜨기를 뜹니다.

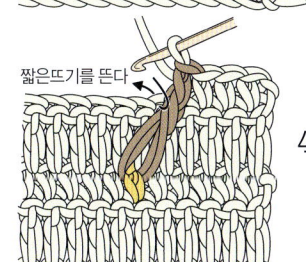

4 앞단을 1코 건너뛰어 짧은뜨기를 3코 뜹니다.

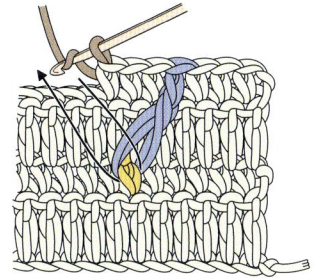

5 코바늘에 실을 걸고, 2단 전의 세 번째 짧은뜨기 다리에 화살표와 같이 앞에서 코바늘을 넣습니다.

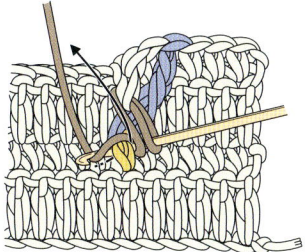

6 코바늘에 실을 걸고 길게 빼냅니다.

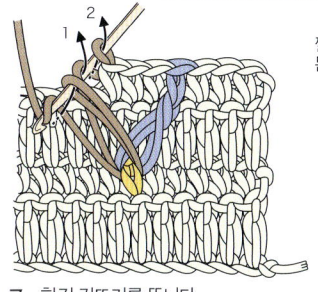

7 한길 긴뜨기를 뜹니다.

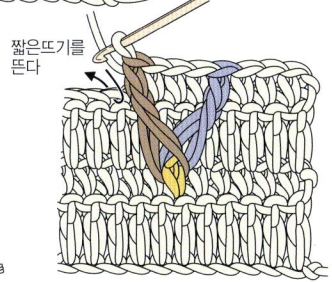

8 다음 짧은뜨기는 1코를 건너뛰어 뜹니다.

## 두길 긴 앞걸어 2코 모아뜨기

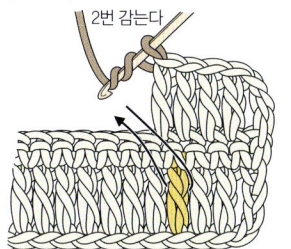

1 코바늘에 실을 2번 감고, 2단 전에서 2코 되돌아간 한길 긴뜨기의 다리에 화살표와 같이 앞에서 코바늘을 넣습니다.

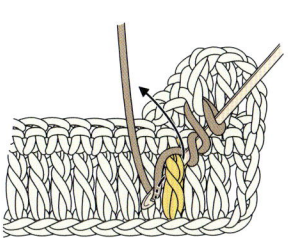

2 코바늘에 실을 걸고 길게 빼냅니다.

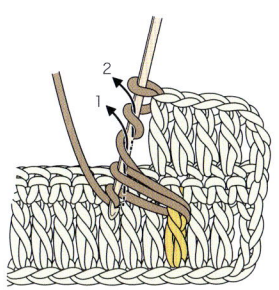

3 미완성 두길 긴 앞걸어뜨기를 뜹니다.

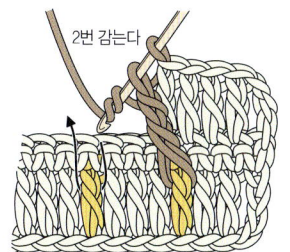

4 코바늘에 실을 2번 감고, 2단 전에서 3코를 건너뛴 한길 긴뜨기의 다리에 앞에서 코바늘을 넣습니다.

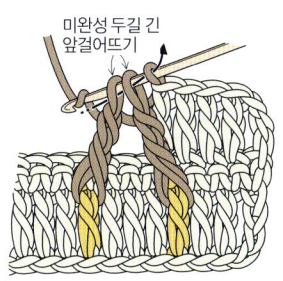

5 미완성 두길 긴 앞걸어뜨기를 뜬 뒤, 코바늘에 실을 걸고 코바늘에 걸린 3개의 고리 안으로 빼냅니다.

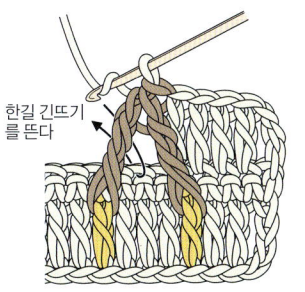

6 코바늘에 실을 걸고, 앞단 짧은뜨기는 1코를 건너뛰어 한길 긴뜨기를 뜹니다.

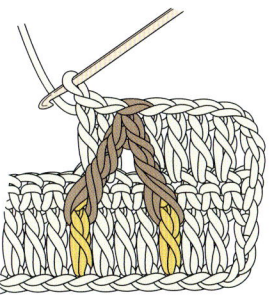

7 다음 한길 긴뜨기를 뜹니다.

# 응용 |

색다른 뜨기법이지만 한층 재미있는 뜨개바탕이 만들어집니다. 언뜻 보면 어려울 것 같지만 지금까지 나온 뜨기법을 조합했을 뿐입니다.

Y자뜨기
역Y자뜨기
한길 긴 X자뜨기
두길 긴 X자뜨기
삼각뜨기
다리가 달린 한길 긴 5코 구슬뜨기
역Y자와 Y자 조합 뜨기

088

089

090

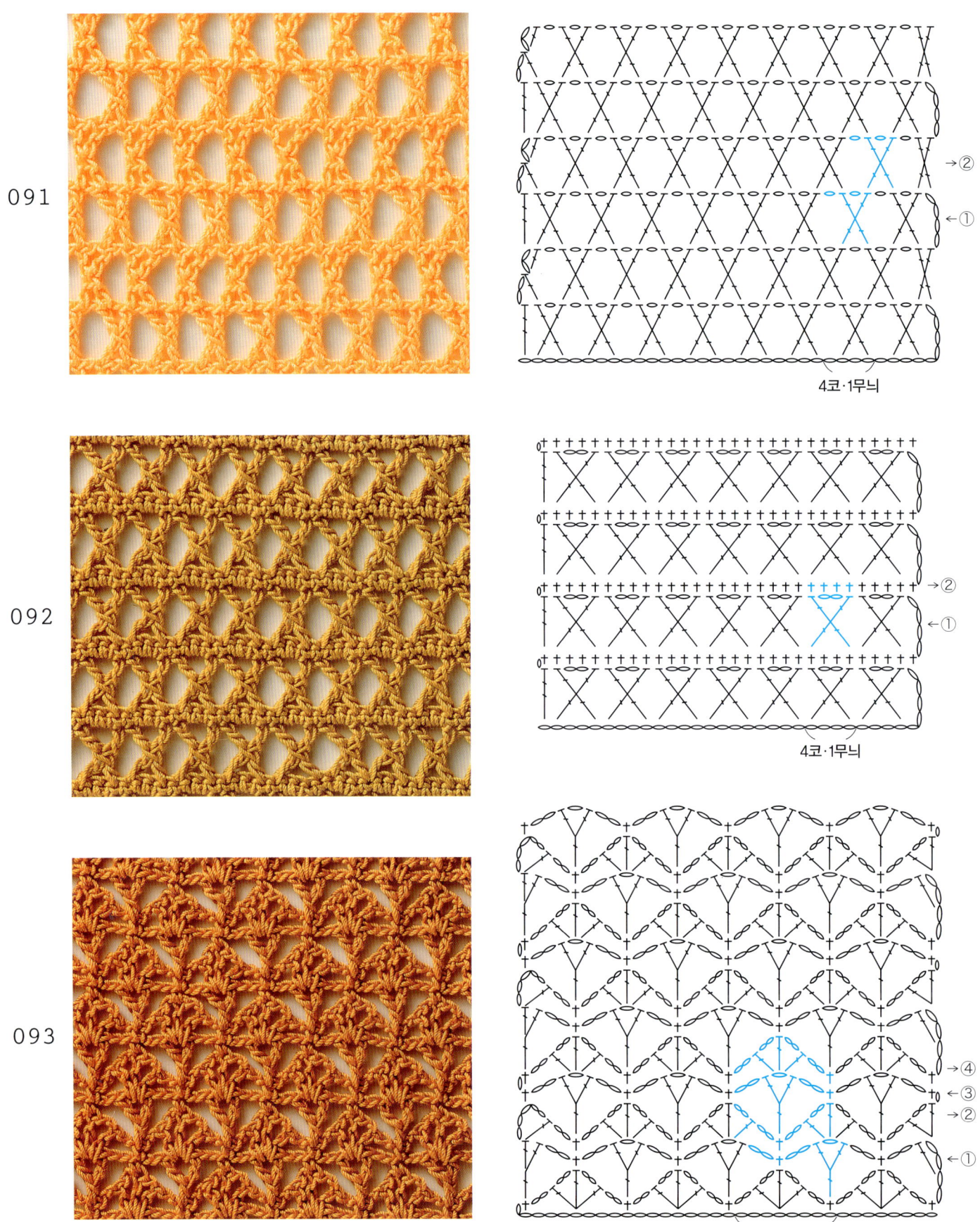

094 패턴은 107쪽에 나와 있습니다.

094

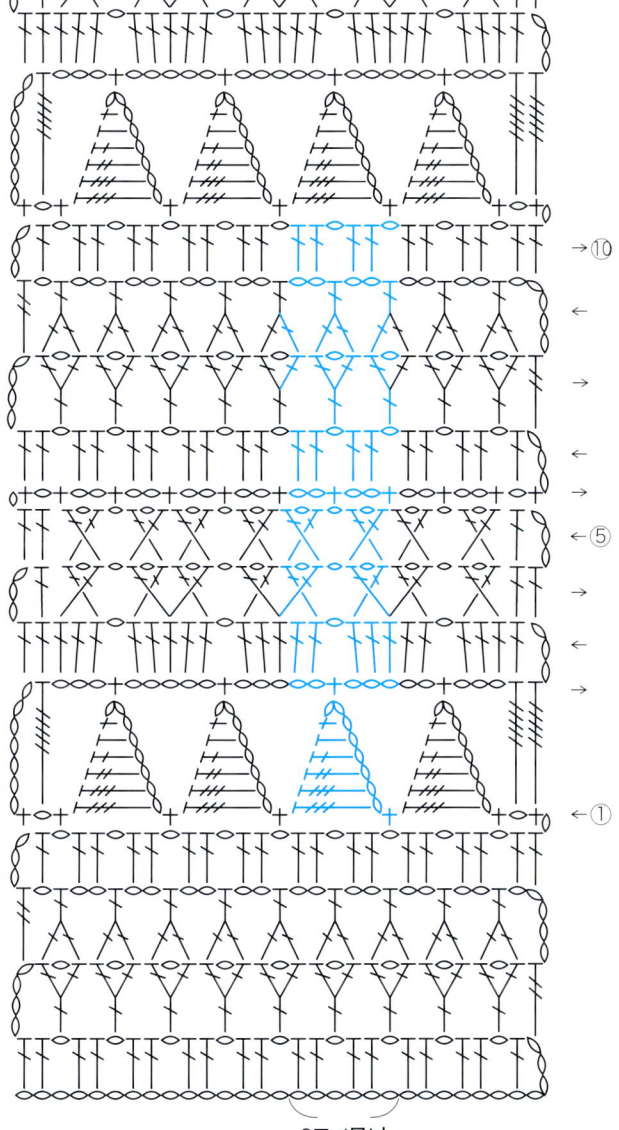

6코·1무늬

095

디자인/오카모토 마키코  사용실/094=10g·약 44m  095=50g·약 218m

## Y자뜨기

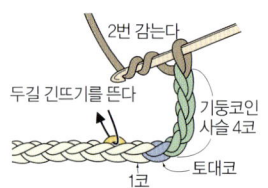

1 코바늘에 실을 2번 감고, 사슬코 산에 코바늘을 넣습니다.

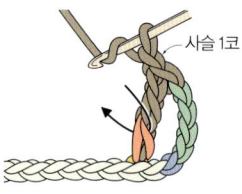

2 두길 긴뜨기를 뜬 뒤 사슬뜨기 1코를 뜹니다. 코바늘에 실을 걸고, 한길 긴뜨기의 다리(실 2가닥)에 코바늘을 넣습니다.

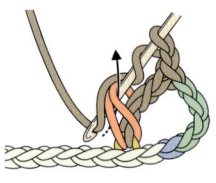

3 코바늘에 실을 걸고, 화살표와 같이 실을 빼냅니다.

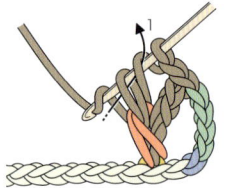

4 코바늘에 실을 걸고, 바늘 끝에 걸린 2개의 고리 안으로 실을 빼냅니다.

5 다시 한 번 코바늘에 실을 걸고, 바늘 끝에 걸린 2개의 고리 안으로 빼냅니다.

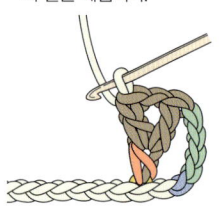

6 Y자뜨기를 완성했습니다.

## 역Y자뜨기

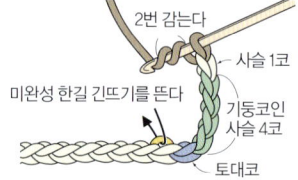

1 코바늘에 실을 2번 감고, 사슬코 산에 코바늘을 넣습니다.

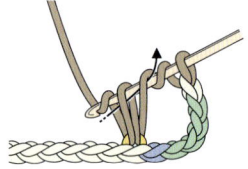

2 코바늘에 실을 걸고 빼낸 뒤, 바늘 끝에 걸린 2개의 고리 안으로 실을 빼냅니다(미완성 한길 긴뜨기).

3 코바늘에 실을 걸고, 1코를 건너뛴 사슬코 산에 코바늘을 넣습니다.

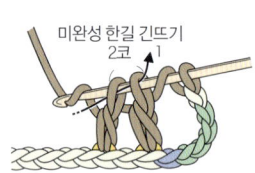

4 코바늘에 실을 걸고 빼낸 뒤, 바늘 끝에 걸린 2개의 고리 안으로 실을 빼냅니다(미완성 한길 긴뜨기).

5 다시 한 번 코바늘에 실을 걸고, 바늘 끝에 걸린 2개의 고리 안으로 실을 빼냅니다.

6 바늘 끝에 걸린 2개의 고리 안으로 실을 빼냅니다. 다시 한 번 코바늘에 실을 걸고, 코바늘에 걸린 2개의 고리 안으로 한 번에 빼냅니다.

7 역Y자뜨기를 완성했습니다.

## 역Y자뜨기

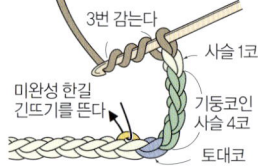

1 코바늘에 실을 3번 감고, 사슬코 산에 코바늘을 넣습니다.

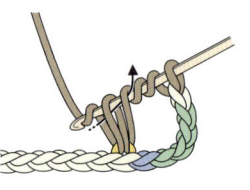

2 코바늘에 실을 걸고 빼낸 뒤, 바늘 끝에 걸린 2개의 고리 안으로 실을 빼냅니다(미완성 한길 긴뜨기).

3 코바늘에 실을 걸고, 1코를 건너뛴 사슬코 산에 코바늘을 넣습니다.

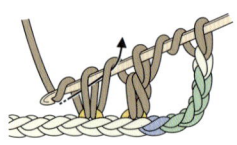

4 코바늘에 실을 걸고 빼낸 뒤, 바늘 끝에 걸린 2개의 고리 안으로 실을 빼냅니다(미완성 한길 긴뜨기).

5 코바늘에 실을 걸고, 바늘 끝에 걸린 3개의 고리 안으로 화살표와 같이 실을 빼냅니다.

6 코바늘에 실을 걸고, 바늘 끝에 걸린 2개의 고리 안으로 실을 빼냅니다. 다시 한 번 코바늘에 실을 걸고, 코바늘에 걸린 2개의 고리 안으로 한 번에 빼냅니다.

7 역Y자뜨기를 완성했습니다.

## 한길 긴 X자뜨기

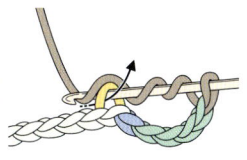
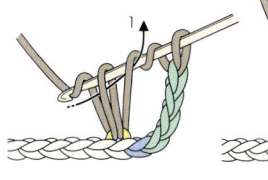
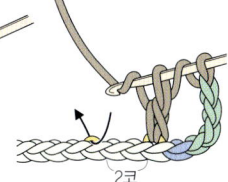

1 코바늘에 실을 2번 감고, 사슬코 산에 코바늘을 넣습니다.

2 코바늘에 실을 걸고 빼냅니다.

3 코바늘에 실을 걸고, 바늘 끝에 걸린 2개의 고리 안으로 실을 빼냅니다(미완성 한길 긴뜨기).

4 코바늘에 실을 걸고, 2코를 건너뛴 사슬코 산에 코바늘을 넣습니다.

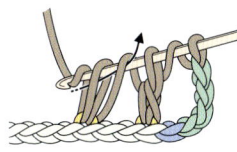
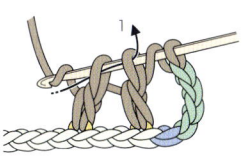
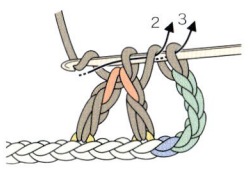
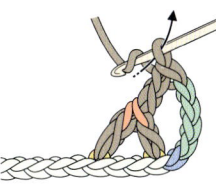
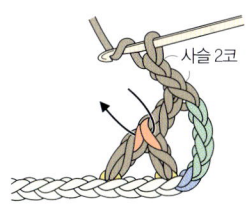

5 코바늘에 실을 걸고 빼낸 뒤, 바늘 끝에 걸린 2개의 고리 안으로 실을 빼냅니다(미완성 한길 긴뜨기).

6 코바늘에 실을 걸고, 바늘 끝에 걸린 2개의 고리 안으로 화살표와 같이 실을 빼냅니다.

7 코바늘에 실을 걸고, 바늘 끝에 걸린 2개의 고리 안으로 실을 빼냅니다. 다시 한 번 코바늘에 실을 걸고, 코바늘에 걸린 2개의 고리 안으로 한 번에 빼냅니다.

8 사슬뜨기를 2코 뜹니다.

9 코바늘에 실을 걸고, 화살표와 같이 코바늘을 넣습니다.

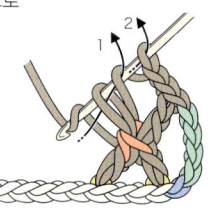

10 코바늘에 실을 걸고 빼냅니다.

11 코바늘에 실을 걸고, 바늘 끝에 걸린 2개의 고리 안으로 실을 빼냅니다. 다시 한 번 코바늘에 실을 걸고, 코바늘에 걸린 2개의 고리 안으로 한 번에 빼냅니다.

12 한길 긴 X자뜨기를 완성했습니다.

## 한길 긴 X자뜨기

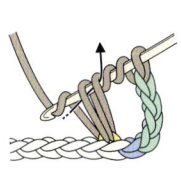

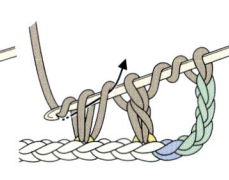

1 코바늘에 실을 3번 감고, 사슬코 산에 코바늘을 넣습니다.

2 코바늘에 실을 걸고 빼낸 뒤, 바늘 끝에 걸린 2개의 고리 안으로 실을 빼냅니다(미완성 한길 긴뜨기).

3 코바늘에 실을 걸고, 2코를 건너뛴 사슬코 산에 코바늘을 넣습니다.

4 코바늘에 실을 걸고 빼낸 뒤, 바늘 끝에 걸린 2개의 고리 안으로 실을 빼냅니다(미완성 한길 긴뜨기).

5 코바늘에 실을 걸고, 바늘 끝에 걸린 3개의 고리 안으로 화살표와 같이 실을 빼냅니다.

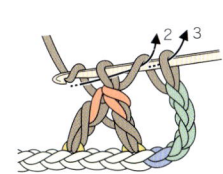

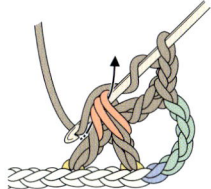
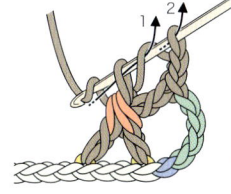
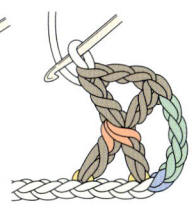

6 코바늘에 실을 걸고, 바늘 끝에 걸린 2개의 고리 안으로 실을 빼냅니다. 다시 한 번 코바늘에 실을 걸고, 바늘 끝에 걸린 2개의 고리 안으로 한 번에 빼냅니다.

7 사슬뜨기를 2코 뜹니다.

8 코바늘에 실을 걸고, 화살표와 같이 코바늘을 넣습니다.

9 코바늘에 실을 걸고 빼냅니다.

10 코바늘에 실을 걸고, 바늘 끝에 걸린 2개의 고리 안으로 실을 빼냅니다. 다시 한 번 코바늘에 실을 걸고, 코바늘에 걸린 2개의 고리 안으로 한 번에 빼냅니다.

11 한길 긴 X자뜨기를 완성했습니다.

## 두길 긴 X자뜨기

1 코바늘에 실을 4번 감고, 사슬코 산에 코바늘을 넣습니다.

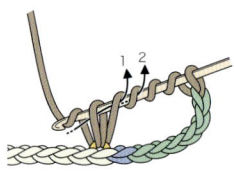
2 코바늘에 실을 걸고 빼낸 뒤, '바늘 끝에 걸린 2개의 고리 안으로 실을 빼내는' 과정을 2번 반복합니다(미완성 두길 긴뜨기).

3 코바늘에 실을 2번 감고, 3코를 건너뛴 사슬코 산에 코바늘을 넣습니다.

4 코바늘에 실을 걸고 빼낸 뒤, '바늘 끝에 걸린 2개의 고리 안으로 실을 빼내는' 과정을 2번 반복합니다(미완성 두길 긴뜨기).

5 코바늘에 실을 걸고, 바늘 끝에 걸린 2개의 고리 안으로 실을 빼냅니다.

6 코바늘에 실을 걸고 빼낸 뒤, '바늘 끝에 걸린 2개의 고리 안으로 실을 빼내는' 과정을 2번 반복합니다. 다시 한 번 코바늘에 실을 걸고, 코바늘에 걸린 2개의 고리 안으로 한 번에 빼냅니다.

7 사슬뜨기 3코를 뜹니다.

8 코바늘에 실을 2번 감고, 화살표와 같이 코바늘을 넣습니다.

9 코바늘에 실을 걸고 빼낸 뒤, '바늘 끝에 걸린 2개의 고리 안으로 실을 빼내는' 과정을 2번 반복합니다. 다시 한 번 코바늘에 실을 걸고, 코바늘에 걸린 2개의 고리 안으로 한 번에 빼냅니다.

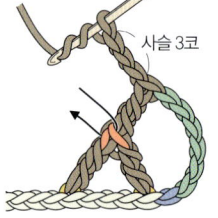

10 두길 긴 X자뜨기를 완성했습니다.

## 삼각뜨기

1 코바늘에 실을 5번 감고, 사슬코 산에 코바늘을 넣습니다.

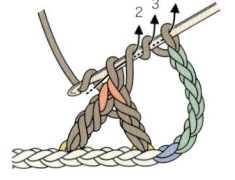
2 미완성 다섯길 긴뜨기를 뜹니다.

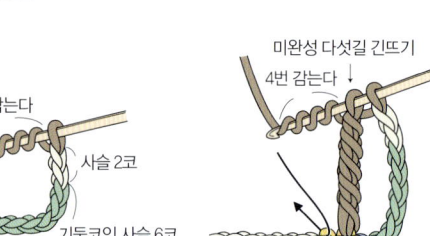
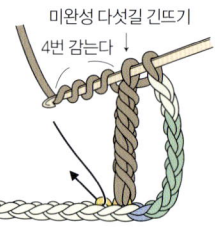
3 다음 코부터 미완성 네길 긴뜨기, 세길 긴뜨기, 두길 긴뜨기, 한길 긴뜨기를 뜹니다. 코바늘에 실을 걸고, 바늘 끝에 걸린 2개의 고리 안으로 실을 빼냅니다.

4 실을 빼낸 모습입니다.

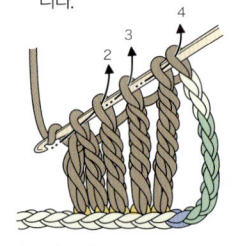
5 코바늘에 실을 걸고, '바늘 끝에 걸린 2개의 고리 안으로 실을 빼내는' 과정을 2번 반복합니다. 다시 한 번 코바늘에 실을 걸고, 코바늘에 걸린 3개의 고리 안으로 한 번에 빼냅니다.

6 삼각뜨기를 완성했습니다.

 ## 다리가 달린 한길 긴 5코 구슬뜨기

1 코바늘에 실을 3번 감고, 사슬코 산에 코바늘을 넣습니다.

2 미완성 한길 긴뜨기를 뜹니다. 다음부터도 같은 사슬코 산에 미완성 한길 긴뜨기를 4코 뜹니다.

3 코바늘에 실을 걸고, 바늘 끝에 걸린 6개의 고리 안으로 화살표와 같이 실을 빼냅니다.

4 코바늘에 실을 걸고, 바늘 끝에 걸린 2개의 고리 안으로 실을 빼냅니다. 다시 한 번 코바늘에 실을 걸고, 코바늘에 걸린 2개의 고리 안으로 한 번에 빼냅니다.

5 다리가 달린 한길 긴 5코 구슬뜨기를 완성했습니다.

## 역Y자와 Y자 조합

1 코바늘에 실을 3번 감고, 사슬코 산에 코바늘을 넣습니다.

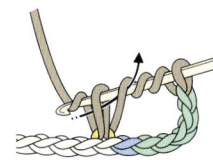
2 코바늘에 실을 걸고 빼낸 뒤, 바늘 끝에 걸린 2개의 고리 안으로 실을 빼냅니다(미완성 한길 긴뜨기).

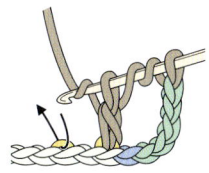
3 코바늘에 실을 걸고, 1코를 건너뛴 사슬코 산에 코바늘을 넣습니다.

4 코바늘에 실을 걸고 빼냅니다.

5 다시 한 번 코바늘에 실을 걸고, 바늘 끝에 걸린 2개의 고리 안으로 실을 빼냅니다(미완성 한길 긴뜨기).

6 바늘 끝에 걸린 2개의 고리 안으로 실을 빼내어

7 다시 한 번 코바늘에 실을 걸고, 바늘 끝에 걸린 2개의 고리 안으로 실을 빼냅니다.

8 고바늘에 실을 걸고, 비늘 끝에 걸린 2개의 고리 안으로 실을 빼냅니다.

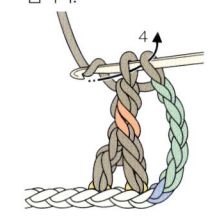
9 코바늘에 실을 걸고, 코바늘에 걸린 2개의 고리 안으로 한 번에 빼냅니다.

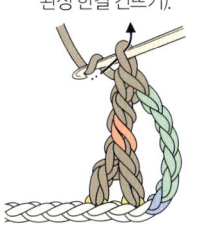
10 사슬뜨기 1코를 뜹니다.

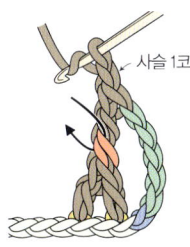
11 코바늘에 실을 걸고, 화살표와 같이 코바늘을 넣습니다.

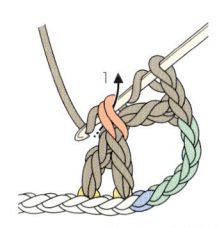
12 코바늘에 실을 걸고 빼냅니다.

13 코바늘에 실을 걸고, 바늘 끝에 걸린 2개의 고리 안으로 실을 빼냅니다.

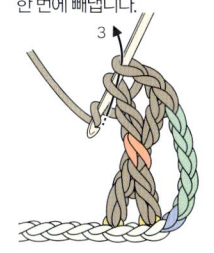
14 코바늘에 실을 걸고, 코바늘에 걸린 2개의 고리 안으로 한 번에 빼냅니다.

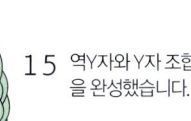
15 역Y자와 Y자 조합을 완성했습니다.

## 역Y자와 Y자 조합

1 코바늘에 실을 4번 감고, 사슬코 산에 코바늘을 넣습니다.

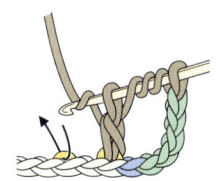
2 미완성 한길 긴뜨기를 뜹니다.

3 1코를 건너뛴 사슬코 산에 미완성 한길 긴뜨기를 1코 더 뜹니다. 코바늘에 실을 걸고, 바늘 끝에 걸린 3개의 고리 안으로 실을 빼냅니다.

4 바늘 끝에 걸린 2개의 고리 안으로 실을 빼냅니다.

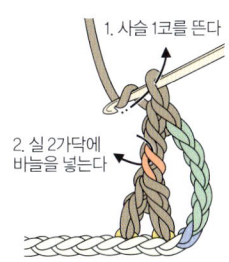
5 다시 한 번 코바늘에 실을 걸고, 바늘 끝에 걸린 2개의 고리 안으로 실을 빼냅니다. 다시 코바늘에 실을 걸고, 코바늘에 걸린 2개의 고리 안으로 한 번에 빼냅니다.

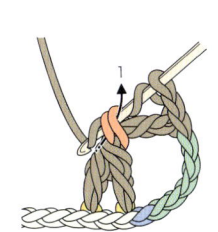
6 사슬뜨기를 1코 뜬 뒤, 코바늘에 실을 걸고 화살표와 같이 코바늘을 넣습니다.

7 코바늘에 실을 걸고 빼냅니다.

8 코바늘에 실을 걸고, 바늘 끝에 걸린 2개의 고리 안으로 실을 빼냅니다. 다시 코바늘에 실을 걸고, 코바늘에 걸린 2개의 고리 안으로 한 번에 빼냅니다.

9 역Y자와 Y자 조합을 완성했습니다.

# 응용 II

평범한 무늬뜨기로는 만족하지 못하는 분을 위한 뜨개법입니다. 작품 전체에 사용하기는 힘들겠지만 원 포인트나 테두리뜨기에 무척 효과적입니다.

칠보뜨기
감아뜨기
짧은 링뜨기
한길 긴 링뜨기
비즈를 넣어 뜨는 방법

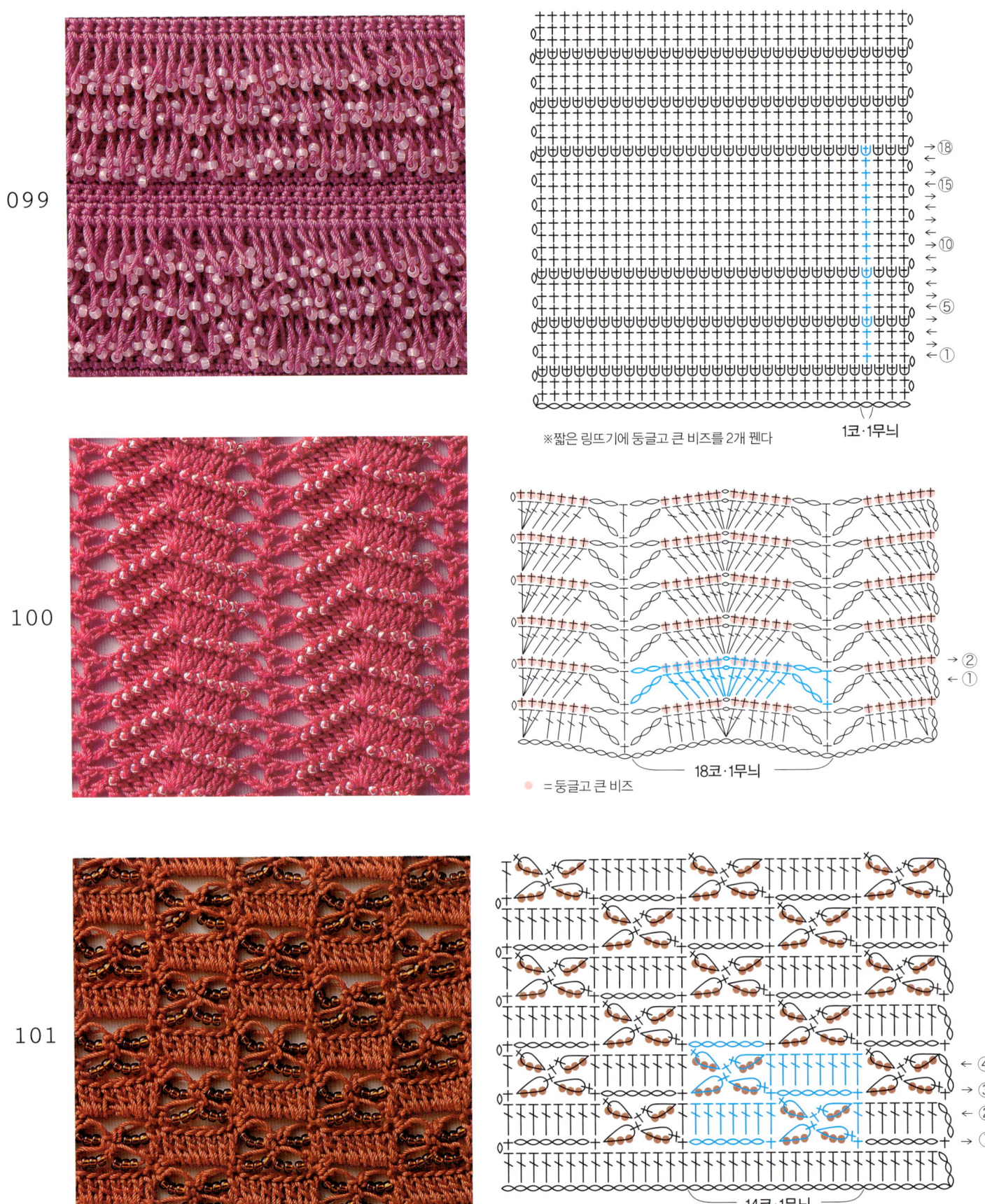

## 칠보뜨기

### 1단

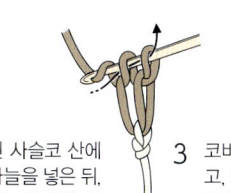 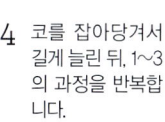

1. 사슬뜨기 두 번째 코를 잡아당겨서 길게 늘린 뒤, 코바늘에 실을 걸고 빼냅니다.
2. 늘린 사슬코 산에 코바늘을 넣은 뒤, 코바늘에 실을 걸고 빼냅니다.
3. 코바늘에 실을 걸고, 코바늘에 걸린 2개의 고리 안으로 빼냅니다(짧은뜨기).
4. 코를 잡아당겨서 길게 늘린 뒤, 1~3의 과정을 반복합니다.

### 2단

1. 1단 짧은뜨기의 다리(실 2가닥)에 코바늘을 넣고
2. 코바늘에 실을 걸어 빼냅니다.

 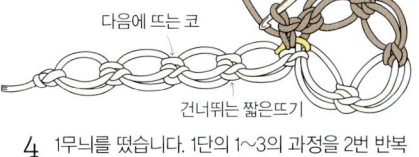 

3. 코바늘에 실을 걸고, 코바늘에 걸린 2개의 고리 안으로 빼냅니다(짧은뜨기).
4. 1무늬를 떴습니다. 1단의 1~3의 과정을 2번 반복하고, 1단의 짧은뜨기를 1코 건너뛰어 다음 짧은뜨기를 뜹니다.
5. '1단의 1~3의 과정을 2번 반복하고, 1단의 짧은뜨기를 1코 건너뛰어 다음 짧은뜨기를 뜨는' 과정을 가장자리까지 반복합니다. 마지막은 사슬뜨기의 반코와 코산에 짧은뜨기를 뜹니다.

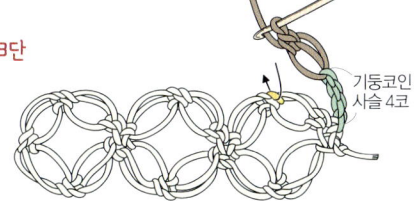 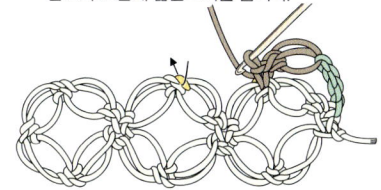

6. 2단을 완성했습니다.

### 3단

1. 기둥코인 사슬 4코를 뜹니다. 뜨개바탕을 뒤집어, 1단의 1~3과 같은 방법으로 뜹니다. 2단 짧은뜨기의 머리(실 2가닥)에 코바늘을 넣어 짧은뜨기를 뜹니다.
2. '사슬코를 잡아당겨서 늘린 뒤, 코산에 짧은뜨기를 2번 반복하고, 앞단 아래쪽의 짧은뜨기를 건너뛰어 위쪽 짧은뜨기에 다음 짧은뜨기를 뜨는' 과정을 반복합니다.

## 감아뜨기

1. 코바늘에 지정한 횟수만큼 실을 감고, 앞단의 머리(실 2가닥)에 코바늘을 넣습니다.
2. 코바늘에 실을 걸고, 화살표와 같이 실을 빼냅니다.
3. 다시 한 번 코바늘에 실을 걸고, 코바늘에 걸린 실이 느슨해지지 않도록 하며 바늘 끝에 걸린 8개의 고리 안으로 실을 빼냅니다.

 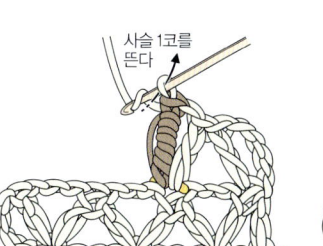 

4. 코바늘에 실을 걸고, 코바늘에 걸린 2개의 고리 안으로 빼냅니다.
5. 감아뜨기를 완성했습니다.
6. 무늬에 넣은 모습입니다.

## ⊥ 짧은 링뜨기

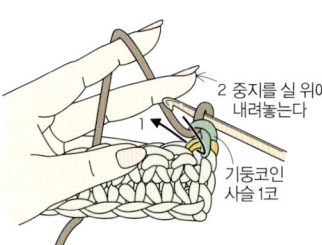

1 앞단의 머리(실 2가닥)에 코바늘을 넣고, 왼손 중지를 실 위에 내려놓습니다.

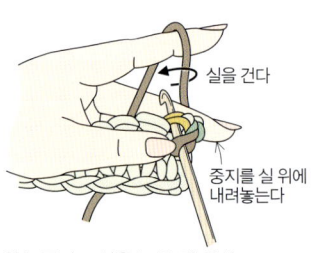

2 왼손 중지로 실을 누른 채 화살표와 같이 코바늘에 실을 겁니다.

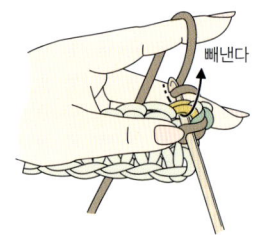

3 실을 빼냅니다.

4 실을 빼낸 모습입니다.

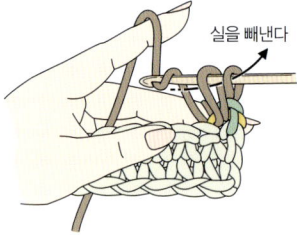

5 코바늘에 실을 걸고, 코바늘에 걸린 2개의 고리 안으로 빼냅니다. 왼손 중지를 코에서 뺍니다.

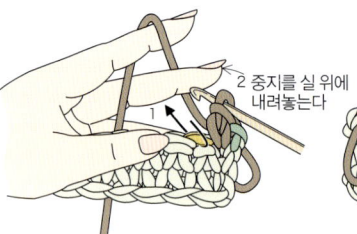

6 1~5의 과정을 반복해서 뜹니다.

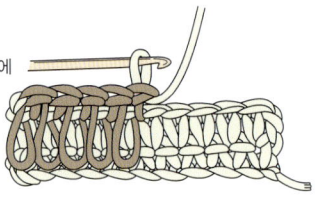

7 링은 안쪽에 나타납니다. 안쪽에서 본 모습입니다.

## ∓ 한길 긴 링뜨기

1 코바늘에 실을 건 뒤, 앞단의 머리(실 2가닥)에 코바늘을 넣고 왼손 중지를 실 위에 내려놓습니다.

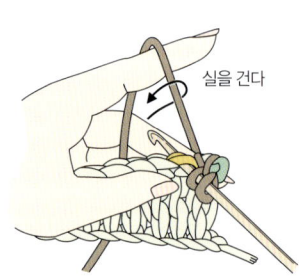

2 왼손 중지로 실을 누른 채 화살표와 같이 코바늘에 실을 겁니다.

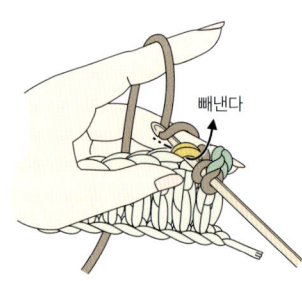

3 실을 빼냅니다.

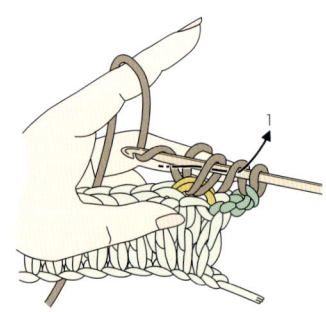

4 코바늘에 실을 걸고, 바늘 끝에 걸린 2개의 고리 안으로 실을 빼냅니다.

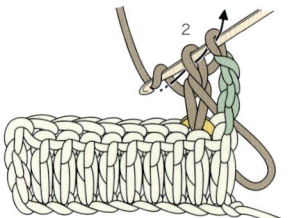

5 코바늘에 실을 걸고, 코바늘에 걸린 2개의 고리 안으로 빼냅니다. 왼손 중지를 코에서 뺍니다.

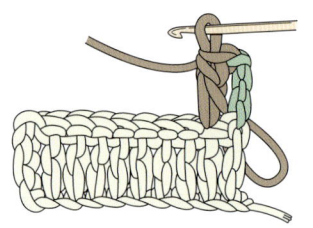

6 한길 긴 링뜨기를 완성했습니다.

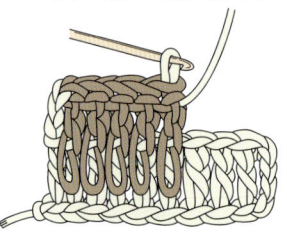

7 링은 안쪽에 나타납니다. 안쪽에서 본 모습입니다.

# 비즈를 넣어 뜨는 방법

비즈는 미리 실에 꿰어둡니다. 작은 작품은 필요한 개수만큼 꿰어둡니다.
큰 작품은 비즈를 어느 정도 꿰어서 뜬 다음 실을 자르고 다시 비즈를 꿰어서 뜹니다.

 **사슬뜨기에 넣기**

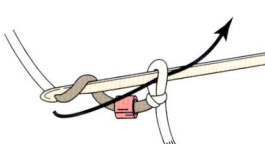 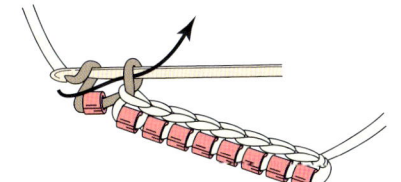

1 비즈를 가까이 댄 뒤, 코바늘에 실을 걸고 빼냅니다. 실이 느슨해지지 않도록 실을 바짝 당깁니다.

2 1의 과정을 반복합니다. 비즈는 사슬코 산에 들어갑니다.

 **짧은뜨기에 넣기**

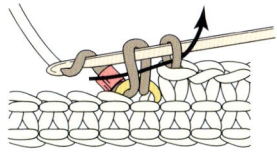 

1 앞단의 코를 주워서 실을 빼냈으면 비즈를 가까이 댄 뒤, 코바늘에 실을 걸고 빼냅니다.

2 비즈는 짧은뜨기 안쪽에 나타납니다.

**긴뜨기에 넣기**

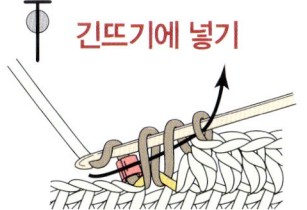 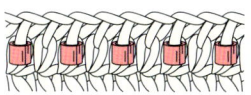

1 미완성 긴뜨기 상태에서 비즈를 가까이 댄 뒤, 코바늘에 실을 걸고 코바늘에 걸린 3개의 고리 안으로 빼냅니다.

2 비즈는 긴뜨기 안쪽에 나타납니다.

 **한길 긴뜨기에 1개 넣기**

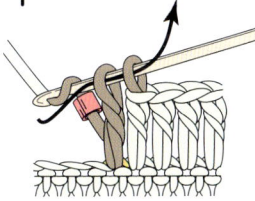 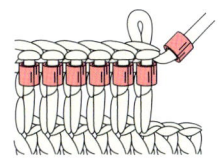

1 미완성 한길 긴뜨기 상태에서 비즈를 가까이 댄 뒤, 코바늘에 실을 걸고 코바늘에 걸린 2개의 고리 안으로 빼냅니다.

2 비즈는 한길 긴뜨기 안쪽에 나타납니다.

**한길 긴뜨기에 2개 넣기**

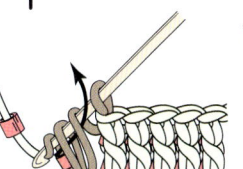 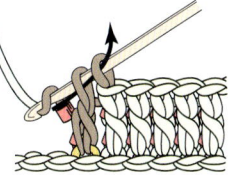 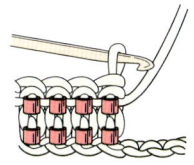

1 실을 빼낸 상태에서 비즈를 가까이 댄 뒤, 코바늘에 실을 걸고 바늘 끝에 걸린 2개의 고리 안으로 실을 빼냅니다.

2 비즈를 가까이 댄 뒤, 코바늘에 실을 걸고 코바늘에 걸린 2개의 고리 안으로 빼냅니다.

3 비즈는 한길 긴뜨기 안쪽에 나타납니다.

 **두길 긴뜨기에 넣기**

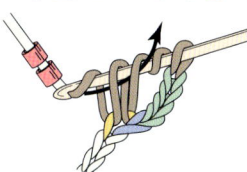 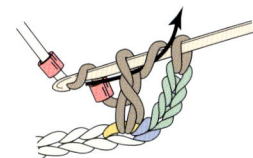 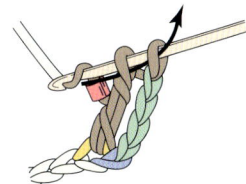 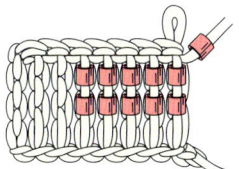

1 코바늘에 실을 2번 감고 빼낸 뒤, 바늘 끝에 걸린 2개의 고리 안으로 실을 빼냅니다.

2 비즈를 가까이 댄 뒤, 코바늘에 실을 걸고 바늘 끝에 걸린 2개의 고리 안으로 실을 빼냅니다.

3 비즈를 가까이 댄 뒤, 코바늘에 실을 걸고 코바늘에 걸린 2개의 고리 안으로 빼냅니다.

4 비즈는 두길 긴뜨기 안쪽에 나타납니다.

# 배색무늬와 배색실 바꾸는 방법

배색무늬에는 가로로 실을 걸치는 방법과
세로로 실을 걸치는 방법이 있습니다.
한 무늬의 콧수가 많은 배색무늬는 배색할 때마다
실타래를 새로 달아서 뜹니다.

배색실 바꾸는 방법
가로로 실을 걸치는 짧은뜨기 배색무늬
가로로 실을 걸치는 한길 긴뜨기 배색무늬
세로로 실을 걸치는 한길 긴뜨기 배색무늬

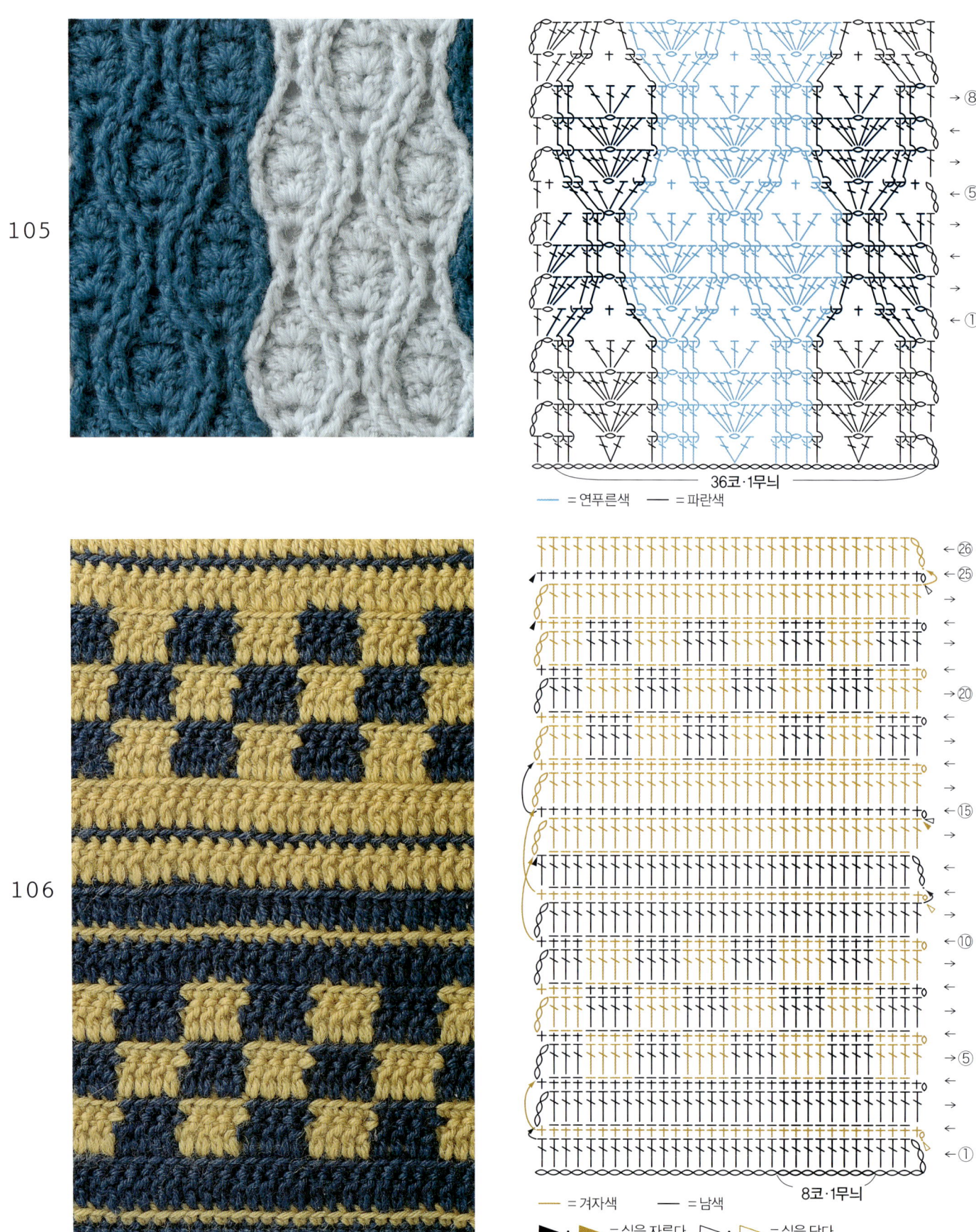

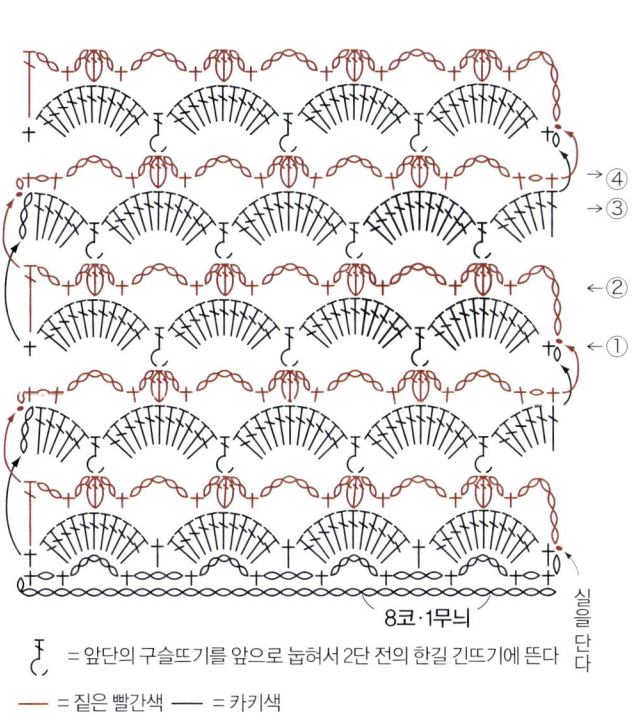

8코·1무늬

ʕ = 앞단의 구슬뜨기를 앞으로 눕혀서 2단 전의 한길 긴뜨기에 뜬다

— = 짙은 빨간색　— = 카키색

107 배색무늬와 배색실 바꾸는 방법

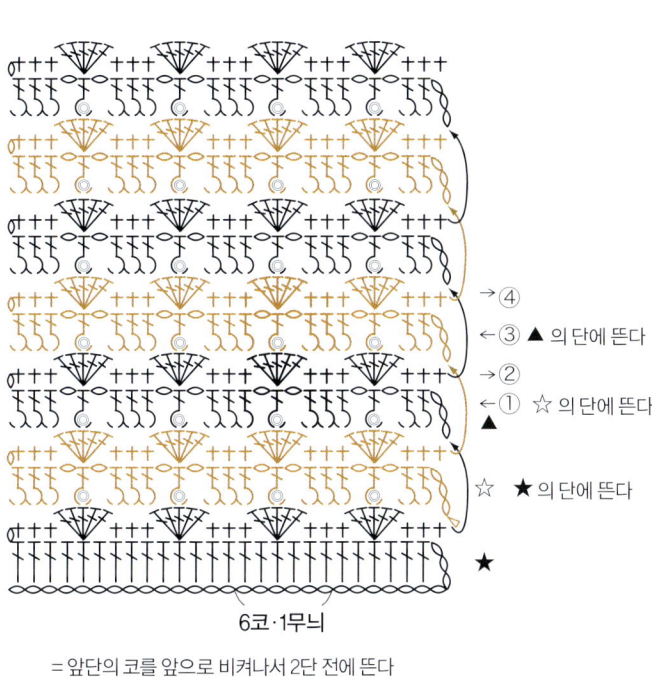

6코·1무늬

→④
←③ ▲의 단에 뜬다
→②
←① ☆의 단에 뜬다
▲
★의 단에 뜬다
★

= 앞단의 코를 앞으로 비켜서 2단 전에 뜬다

— = 겨자색　— = 밝은 녹색　▷ = 실을 단다

108

디자인/모기 미키코　사용실/40g·약 180m

# 배색실 바꾸는 방법

2단마다 실을 바꿀 때는 가장자리에서 실을 자르지 않고 바꿔서 떠나갑니다.

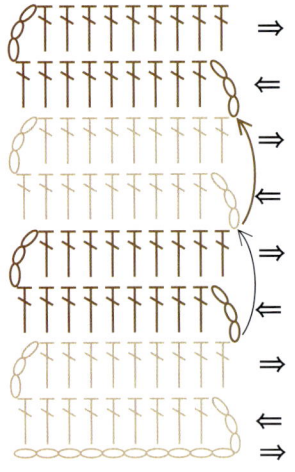

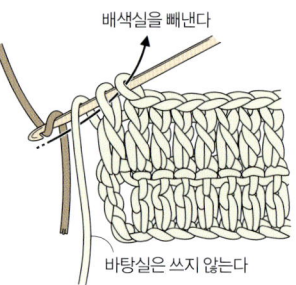

1 실을 바꾸는 단의 마지막 코를 뜰 때, 바탕실을 코바늘 뒤에서 앞으로 겁니다. 배색실을 바탕실의 실 끝과 코바늘에 걸린 2개의 고리 안으로 빼냅니다.

2 배색실을 빼낸 모습입니다. 바탕실은 쓰지 않습니다.

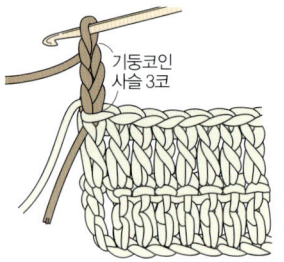

3 기둥코인 사슬뜨기 3코를 뜹니다.

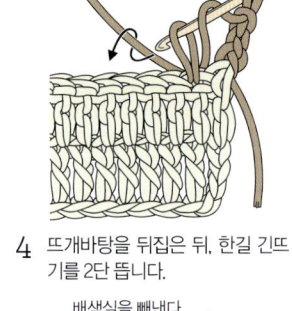

4 뜨개바탕을 뒤집은 뒤, 한길 긴뜨기를 2단 뜹니다.

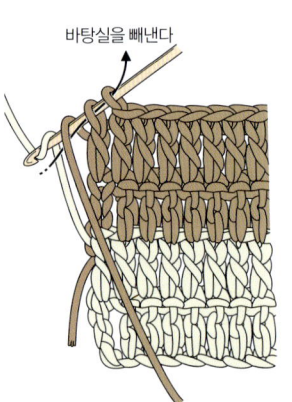

5 배색실의 마지막 코를 뜰 때, 쓰지 않던 배색실을 코바늘 뒤에서 앞으로 겁니다. 바탕실을 배색실의 실 끝과 코바늘에 걸린 2개의 고리 안으로 빼냅니다.

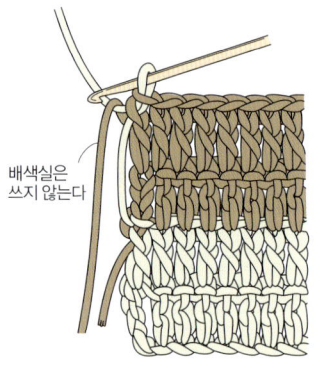

6 바탕실을 빼낸 모습입니다. 배색실은 쓰지 않습니다.

7 기둥코인 사슬뜨기 3코를 뜨고, 바탕실로 한길 긴뜨기를 2단 뜹니다.

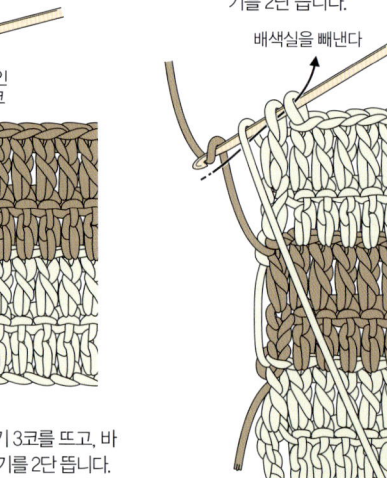

8 마지막 코를 뜰 때, 바탕실을 코바늘 뒤에서 앞으로 겁니다. 쓰지 않던 배색실을 코바늘에 걸고, 바탕실의 실 끝과 코바늘에 걸린 2개의 고리 안으로 빼냅니다.

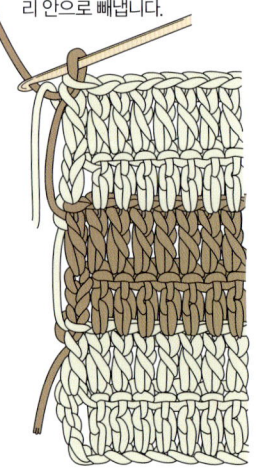

9 배색실을 빼낸 모습입니다. 바탕실은 쓰지 않습니다.

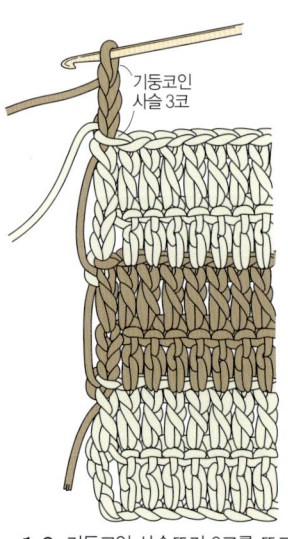

10 기둥코인 사슬뜨기 3코를 뜨고, 뜨개바탕을 뒤집습니다. 3~9의 과정을 반복합니다.

**가장자리 마무리**

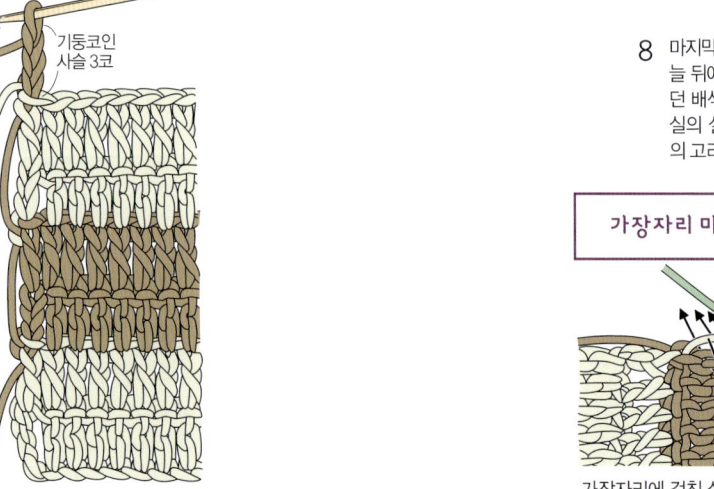

가장자리에 걸친 실은 테두리뜨기를 할 때 감싸서 뜹니다.

## 가로로 실을 걸치는 짧은뜨기 배색무늬

**1단**

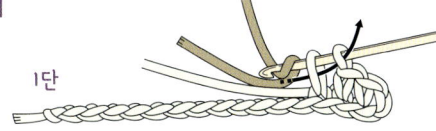

1 바탕실의 마지막 코를 뺴낼 때 배색실로 바꿉니다.

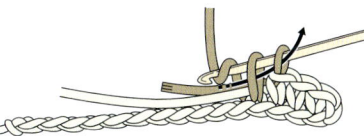

3 바탕실과 배색실을 감싸면서 배색실로 짧은뜨기를 뜹니다.

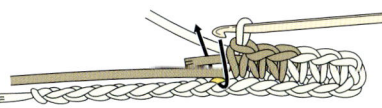

5 배색실의 실 끝과 뜨는 실을 감싸면서 바탕실로 짧은뜨기를 뜹니다.

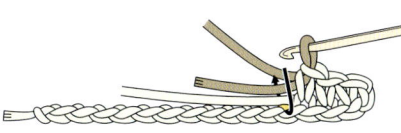

2 배색실의 첫 번째 코는 바탕실과 배색실의 실 끝을 같이 주워서 실을 빼냅니다.

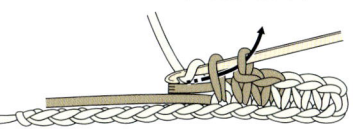

4 배색실의 마지막 코를 빼낼 때 바탕실로 바꿉니다.

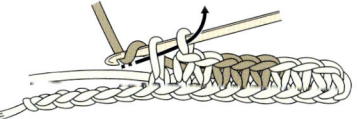

6 다음 배색실로 바꿀 때도 1과 같은 방법으로 바꿉니다.

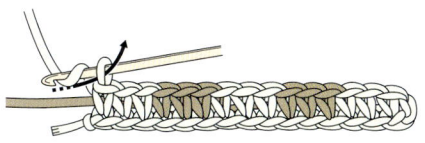

7 가장자리까지 뜨면 다음 단 기둥코인 사슬 1코를 뜹니다.

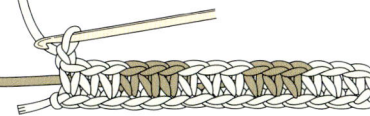

8 뜨개바탕을 뒤집습니다.

**2단(안쪽)**

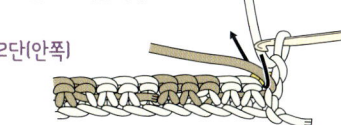

1 뜨기 시작할 때 배색실을 앞에 놓고, 바탕실로 배색실을 감싸면서 짧은뜨기를 뜹니다.

배색무늬와 배색실 바꾸는 방법

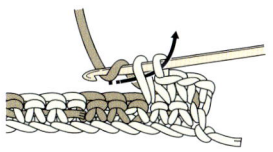

2 바탕실의 마지막 코를 뺴낼 때 배색실로 바꿉니다. 1단과 같은 방법으로 가장자리까지 뜹니다.

3 가장자리까지 뜨면 다음 단 기둥코인 사슬 1코를 뜹니다. 뜨개바탕을 뒤집습니다.

**3단(겉쪽)**

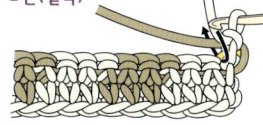

1 뜨기 시작할 때 배색실을 뒤에 놓고, 바탕실로 배색실을 감싸면서 짧은뜨기를 뜹니다.

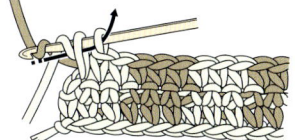

2 배색실과 바탕실을 바꿔가며 가장자리까지 뜹니다. 마지막 코를 빼낼 때 배색실로 바꿉니다. 바탕실을 코바늘 앞에서 뒤로 겁니다. 배색실을 바탕실의 실 끝과 코바늘에 걸린 2개의 고리 안으로 빼냅니다.

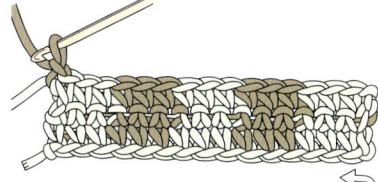

3 4단 기둥코인 사슬 1코를 뜹니다. 뜨개바탕을 뒤집습니다.

**4단 이후**

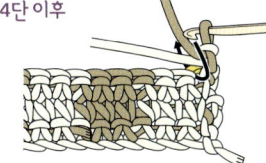

1 4단을 뜨기 시작할 때는 바탕실을 앞에 놓고, 배색실로 바탕실을 감싸면서 짧은뜨기를 뜹니다.

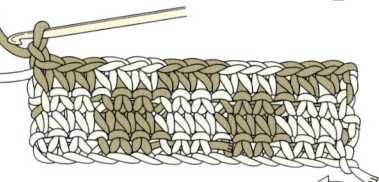

2 배색실과 바탕실을 바꿔가며 가장자리까지 뜹니다. 배색실로 5단 기둥코인 사슬 1코를 뜹니다.

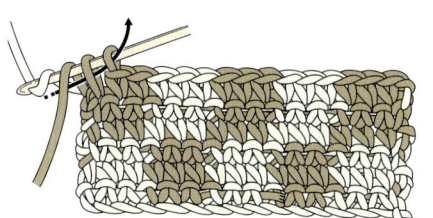

3 6단의 마지막 코는 배색실을 코바늘 뒤에서 앞으로 겁니다. 바탕실을 배색실의 실 끝과 코바늘에 걸린 2개의 고리 안으로 빼냅니다.

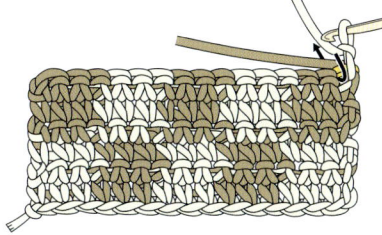

4 7단을 뜨기 시작할 때는 배색실을 뒤에 놓고, 바탕실로 배색실을 감싸면서 짧은뜨기를 뜹니다.

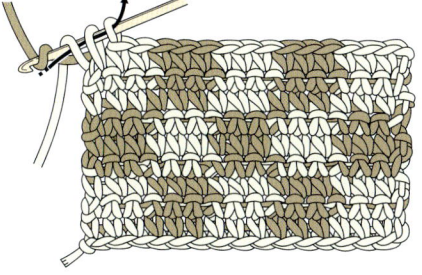

5 9단의 마지막 코를 빼낼 때 배색실로 바꿉니다. 바탕실을 코바늘 앞에서 뒤로 겁니다. 배색실을 바탕실의 실 끝과 코바늘에 걸린 2개의 고리 안으로 빼냅니다.

## 가로로 실을 걸치는 한길 긴뜨기 배색무늬

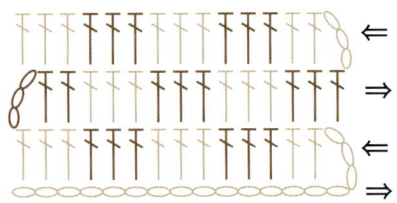

**1단**

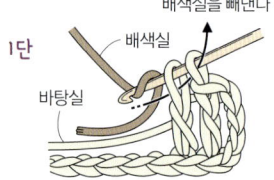

1 바탕실의 마지막 코를 빼낼 때 배색실로 바꿉니다. 바탕실을 쓰지 않고, 배색실을 코바늘에 건 뒤 코바늘에 걸린 바탕실의 2개의 고리 안으로 빼냅니다.

2 배색실의 첫 번째 코는 코바늘에 실을 걸고, 사슬코산에 코바늘을 넣습니다. 바탕실과 배색실의 실 끝을 같이 주워서 실을 빼냅니다.

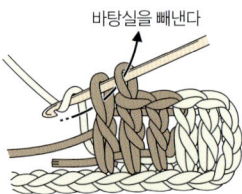

3 바탕실과 배색실을 감싸면서 배색실로 한길 긴뜨기를 뜹니다. 배색실의 마지막 코를 빼낼 때 바탕실을 배색실의 2개의 고리 안으로 빼냅니다.

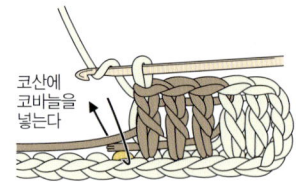

4 코바늘에 바탕실을 걸고, 사슬코 산에 코바늘을 넣습니다. 배색실을 같이 주워 한길 긴뜨기를 뜹니다.

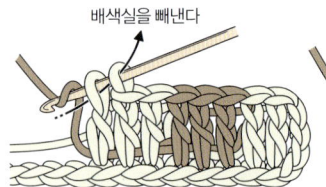

5 바탕실의 마지막 코를 빼낼 때 바탕실을 쓰지 않고, 배색실을 바탕실의 2개의 고리 안으로 빼냅니다. 바탕실을 감싸며 배색실로 한길 긴뜨기를 뜹니다.

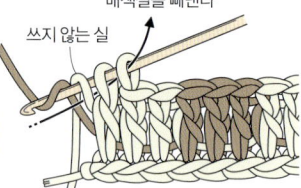

6 바탕실의 마지막 코를 빼낼 때 바탕실을 앞에서 뒤로 코바늘에 걸고, 배색실을 바탕실의 2개의 고리 안으로 빼냅니다.

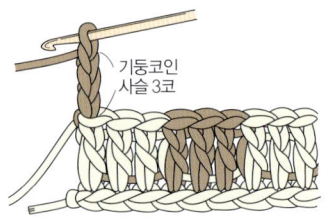

7 기둥코인 사슬뜨기 3코를 뜹니다.

**2단**

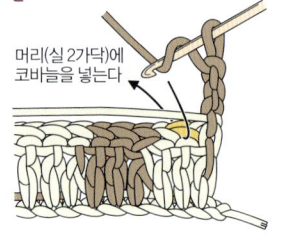

1 뜨개바탕을 뒤집습니다. 코바늘에 실을 걸고, 앞단의 머리(실 2가닥)에 코바늘을 넣습니다.

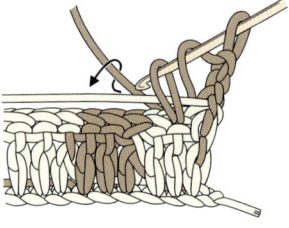

2 바탕실을 감싸 한길 긴뜨기를 뜹니다.

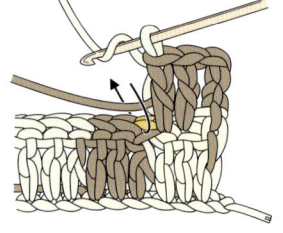

3 한길 긴뜨기를 1코 더 뜨고, 1단의 3과 같은 방법으로 바탕실로 바꿉니다. 배색실을 감싸 한길 긴뜨기를 뜹니다.

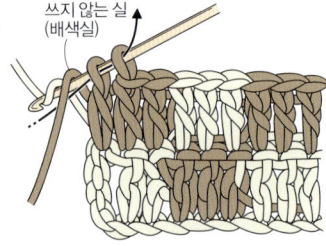

4 2단의 마무리는 배색실의 마지막 코를 빼낼 때 배색실을 뒤에서 앞으로 코바늘에 걸고, 바탕실을 배색실의 2개의 고리 안으로 빼냅니다. 기둥코인 사슬뜨기 3코를 바탕실로 뜨고, 뜨개바탕을 뒤집습니다.

**3단**

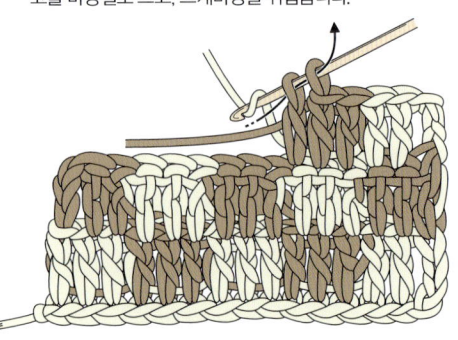

1 바탕실로 배색실을 감싸 앞단의 머리(실 2가닥)에 한길 긴뜨기를 뜹니다.

2 한길 긴뜨기를 1코 더 뜨고, 1단의 5와 같은 방법으로 배색실로 바꿉니다.

3 바탕실을 감싸 한길 긴뜨기를 뜹니다. 배색실의 마지막 코는 배색실을 쓰지 않고, 바탕실을 배색실의 2개의 고리 안으로 빼냅니다.

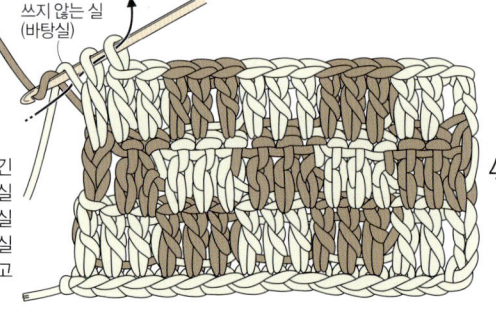

4 3단의 마무리는 바탕실의 마지막 코를 빼낼 때 바탕실을 앞에서 뒤로 코바늘에 걸고, 배색실을 바탕실의 2개의 고리 안으로 빼냅니다.

## 세로로 실을 걸치는 한길 긴뜨기 배색무늬

D색　C색　B색　A색

**1단**

1. A색의 마지막 코를 빼낼 때 B색으로 바꿉니다. A색을 앞에서 뒤로 코바늘에 걸고, B색을 A색의 2개의 고리 안으로 빼냅니다. A색은 쓰지 않습니다.

2. B색을 코바늘에 걸고, B색의 실 끝을 감싸 한길 긴뜨기를 뜹니다.

3. B색의 마지막 코를 빼낼 때 C색으로 바꿉니다. B색을 앞에서 뒤로 코바늘에 걸고, C색을 B색의 2개의 고리 안으로 빼냅니다. B색은 쓰지 않습니다.

4. C색으로 C색의 실 끝을 감싸면서 한길 긴뜨기를 뜹니다.

5. C색의 마지막 코를 빼낼 때 1, 3과 같은 방법으로 D색으로 바꿉니다. D색의 실 끝을 감싸 한길 긴뜨기를 2코 뜹니다. 기둥코인 사슬뜨기 3코를 D색으로 뜨고, 뜨개바탕을 뒤집습니다. 실타래는 고정해 둡니다.

**2단**

1. D색으로 한길 긴뜨기 2코를 뜹니다. 두 번째 코를 빼낼 때 D색을 뒤에서 앞으로 코바늘에 걸고, C색을 D색의 2개의 고리 안으로 빼냅니다.

2. D색을 쓰지 않고, C색으로 한길 긴뜨기를 뜹니다.

3. 1과 같은 방법으로 각 색을 바꿔가며 가장자리까지 뜹니다. 기둥코인 사슬뜨기 3코를 A색으로 뜨고, 뜨개바탕을 뒤집습니다. 실타래는 교차해 있습니다.

**3단 이후**

1. 1, 2단과 같은 방법으로 뜨지만 걸치는 실은 반드시 안쪽으로 내놓습니다. 3단을 뜨면 교차해 있던 실타래가 제자리로 돌아옵니다. 4단을 뜨는 모습입니다.

2. 5단을 뜨는 모습입니다.

배색무늬와 배색실 바꾸는 방법

97

# 에징
## (짧은뜨기 응용)

╦ ╤ ╤ +

뜨개바탕의 마지막 단에 쓰이는 경우가 많고, 적당한 두께로 완성되므로 에징에 가장 적합합니다.
되돌아 짧은뜨기는 왼쪽에서 오른쪽으로, 바늘 돌려서 짧은뜨기와 실 돌려서 짧은뜨기는 오른쪽에서 왼쪽으로 떠나갑니다.

되돌아 짧은뜨기
변형 되돌아 짧은뜨기(한코 줍기)
변형 되돌아 짧은뜨기(반코 줍기)
바늘 돌려서 짧은뜨기
빼내어 바늘 돌려서 짧은뜨기
실 돌려서 짧은뜨기

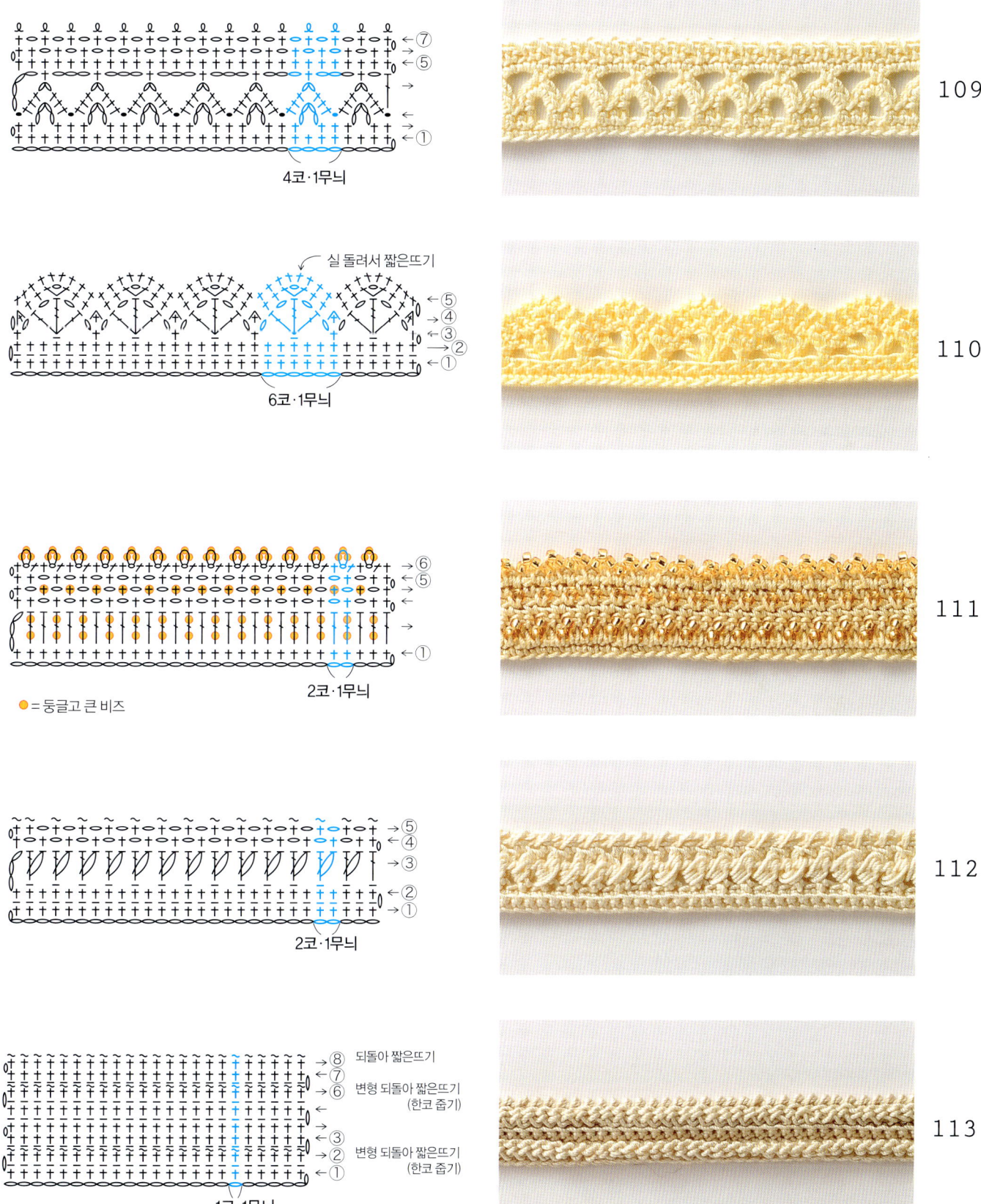

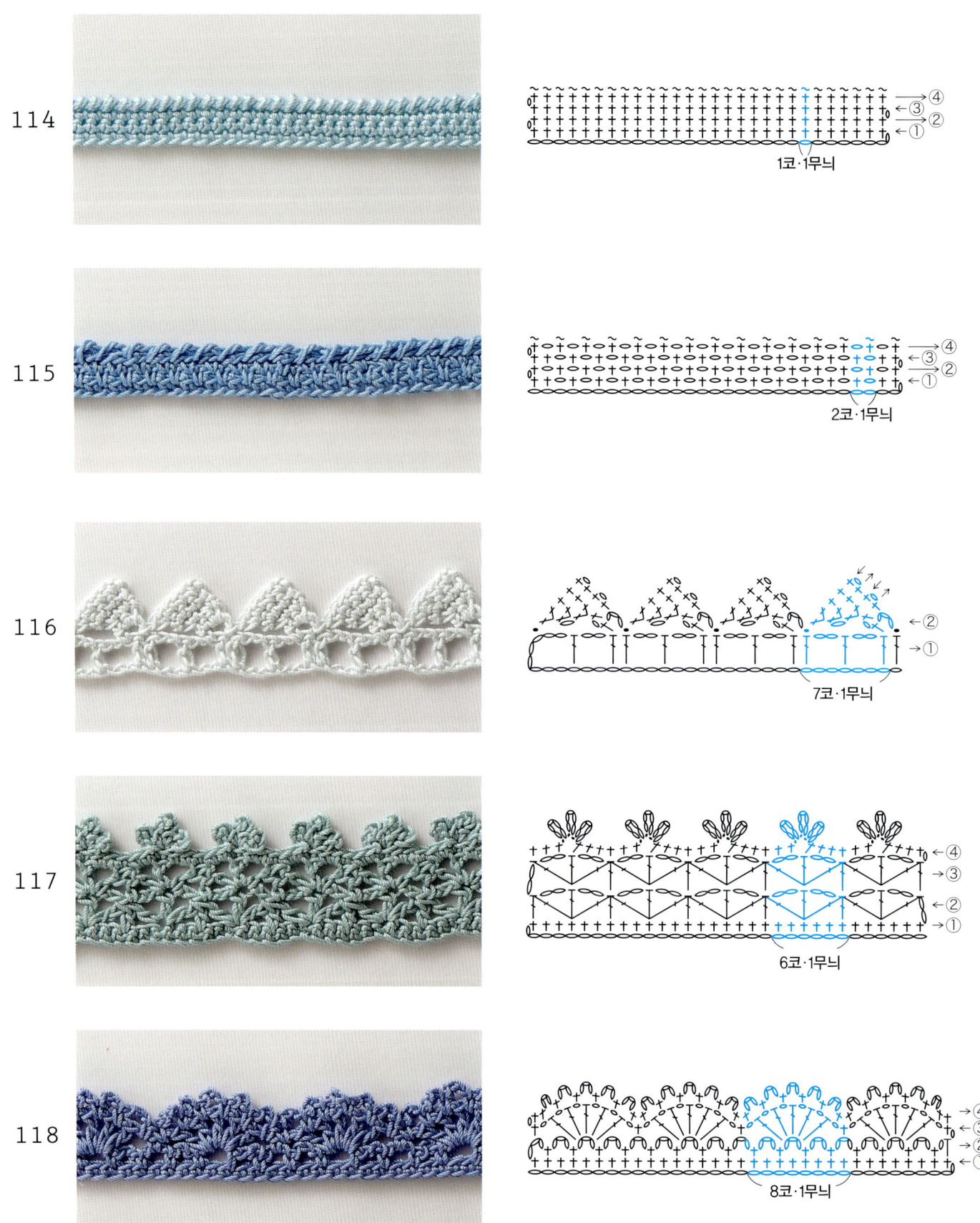

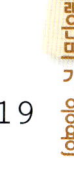

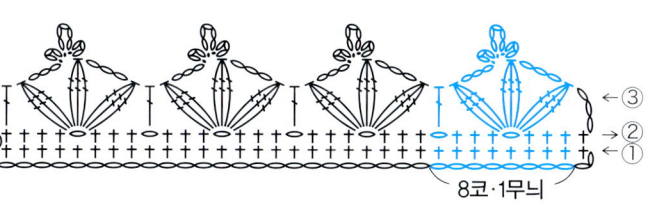 

119

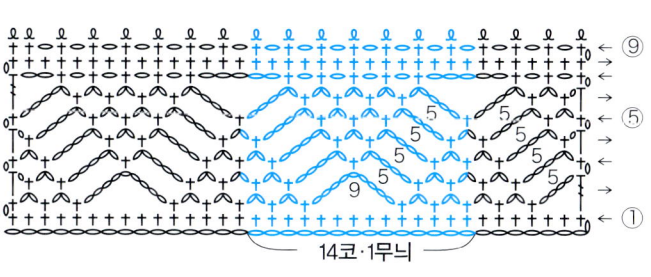 

120

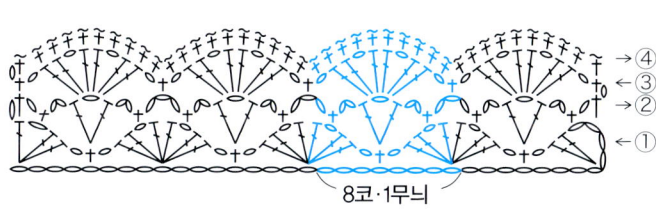 

121

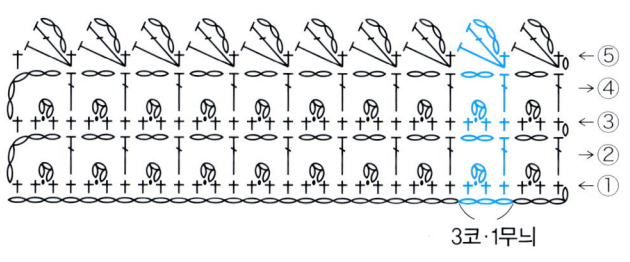 

122

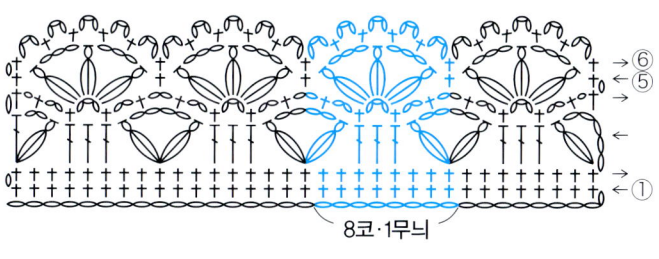 

123

디자인/다케다 아쓰코　사용실/119, 120=50g·약 218m　121~123=40g·약 170m

## ⊤ 되돌아 짧은뜨기

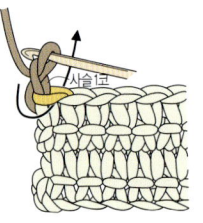
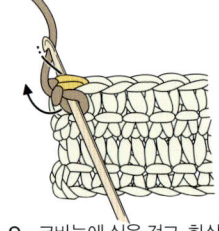
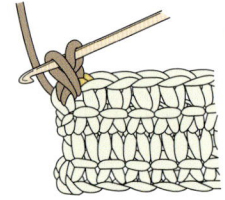
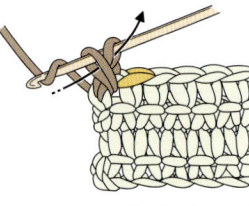

1. 겉쪽을 본 채 되돌아가서 뜹니다. 기둥코인 사슬 1코를 뜨고, 코바늘을 돌리면서 앞단의 머리(실 2가닥)에 화살표와 같이 넣습니다.
2. 코바늘에 실을 걸고, 화살표와 같이 실을 빼냅니다.
3. 실을 빼낸 모습입니다.
4. 코바늘에 실을 걸고, 코바늘에 걸린 2개의 고리 안으로 한 번에 빼냅니다.

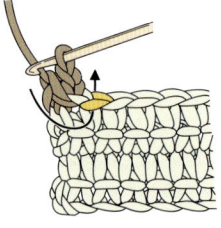
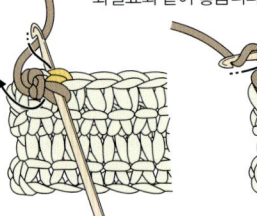
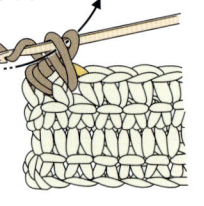
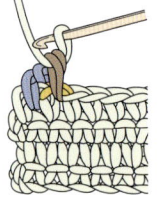
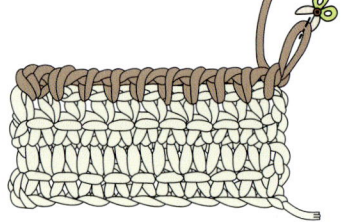

5. 되돌아 짧은뜨기를 완성했습니다. 2코째도 코바늘을 돌리면서 앞단의 머리(실 2가닥)에 화살표와 같이 넣습니다.
6. 코바늘에 실을 걸고, 화살표와 같이 실을 빼냅니다.
7. 코바늘에 실을 걸고, 코바늘에 걸린 2개의 고리 안으로 한 번에 빼냅니다.
8. 되돌아 짧은뜨기를 완성했습니다.
9. 가장자리까지 뜨면 실을 빼내서 자릅니다.

## ⊤ 변형 되돌아 짧은뜨기 (한코 줍기)

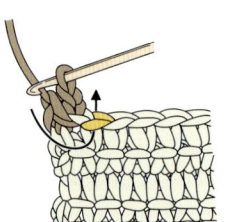

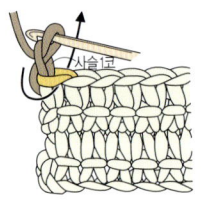
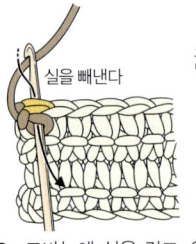
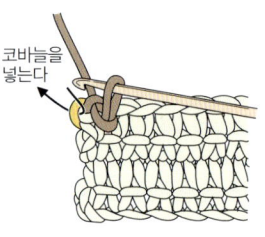
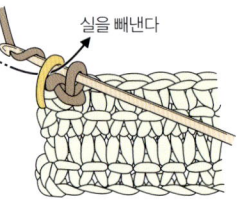

1. 겉쪽을 본 채 되돌아가서 뜹니다. 기둥코인 사슬 1코를 뜨고, 코바늘을 돌리며 앞단의 머리(실 2가닥)에 화살표와 같이 넣습니다.
2. 코바늘에 실을 걸고, 앞단의 머리(실 2가닥)와 코바늘에 걸린 1개의 고리 안으로 화살표와 같이 실을 빼냅니다.
3. 실을 빼낸 모습입니다. 화살표의 코에 코바늘을 넣습니다.
4. 코바늘에 실을 걸고 빼냅니다.

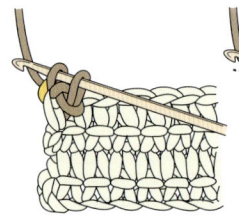
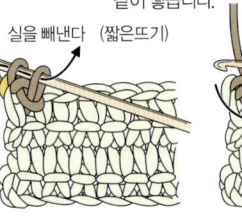
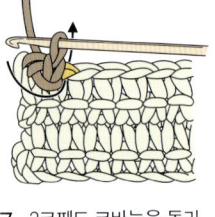
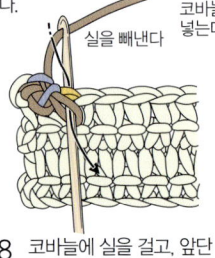
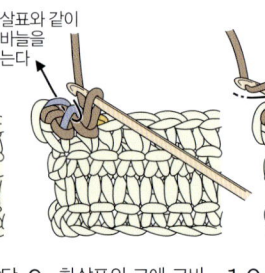
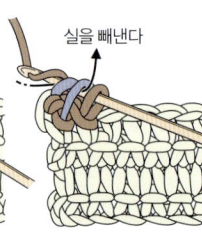

5. 실을 빼낸 모습입니다.
6. 코바늘에 실을 걸고, 코바늘에 걸린 2개의 고리 안으로 한 번에 빼냅니다.
7. 2코째도 코바늘을 돌리며 앞단의 머리(실 2가닥)에 화살표와 같이 넣습니다.
8. 코바늘에 실을 걸고, 앞단의 머리(실 2가닥)와 코바늘에 걸린 1개의 고리 안으로 화살표와 같이 실을 빼냅니다.
9. 화살표의 코에 코바늘을 넣습니다.
10. 코바늘에 실을 걸고, 바늘 끝에 걸린 고리 안으로 화살표와 같이 실을 빼냅니다.

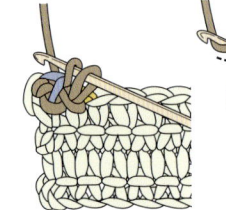
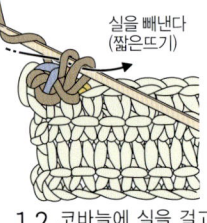
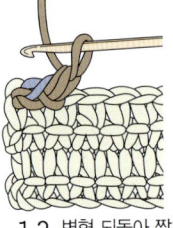
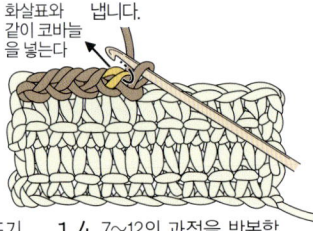
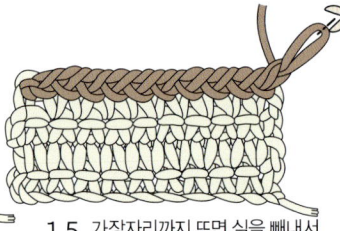

11. 실을 빼낸 모습입니다.
12. 코바늘에 실을 걸고, 코바늘에 걸린 2개의 고리 안으로 한 번에 빼냅니다.
13. 변형 되돌아 짧은뜨기를 완성했습니다.
14. 7~12의 과정을 반복합니다.
15. 가장자리까지 뜨면 실을 빼내서 자릅니다.

## ✚ 바늘 돌려서 짧은뜨기

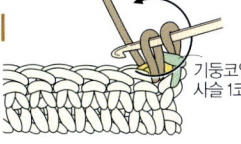
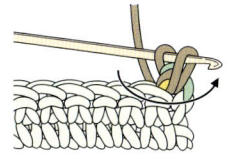
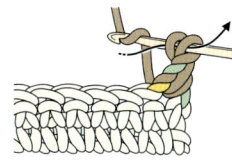
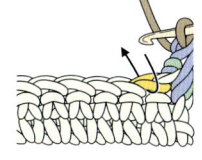

1 기둥코인 사슬 1코를 뜬 뒤, 앞단의 머리(실 2가닥)에 코바늘을 넣고 실을 빼냅니다. 코바늘째 뜨개코를 화살표 방향으로 빙 돌립니다.

2 돌리는 모습입니다.

3 코바늘에 실을 걸고, 코바늘에 걸린 2개의 고리 안으로 한 번에 빼냅니다.

4 바늘 돌려서 짧은뜨기를 완성했습니다. 2코째도 앞단의 머리(실 2가닥)에 코바늘을 넣고 실을 빼냅니다.

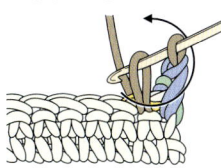
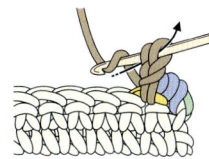

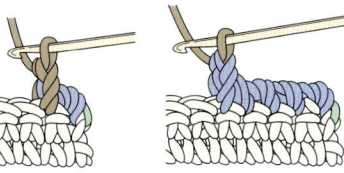

5 코바늘째 뜨개코를 화살표 방향으로 빙 돌립니다.

6 코바늘에 실을 걸고, 코바늘에 걸린 2개의 고리 안으로 한 번에 빼냅니다.

7 2코째 바늘 돌려서 짧은뜨기를 완성했습니다.

8 4~6의 과정을 반복해서 뜹니다.

## ✚ 빼내어 바늘 돌려서 짧은뜨기

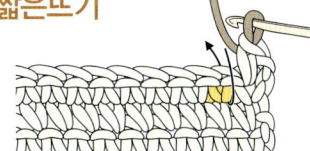
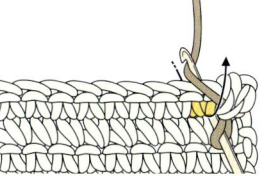
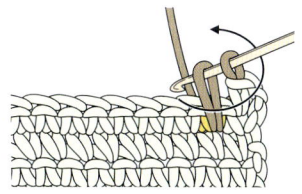

1 2단 전의 머리(실 2가닥)에 코바늘을 넣습니다.

2 코바늘에 실을 걸고, 앞단을 감싸듯이 실을 빼냅니다.

3 코바늘째 뜨개코를 화살표 방향으로 빙 돌립니다.

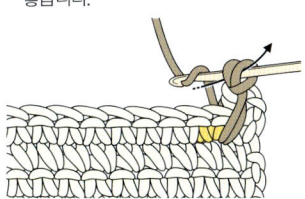
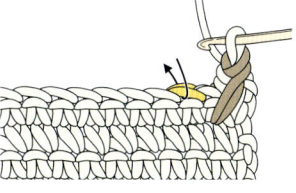
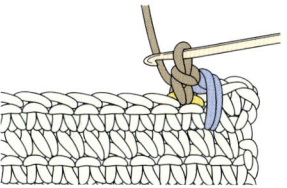

4 코바늘에 실을 걸고, 코바늘에 걸린 2개의 고리 안으로 한 번에 빼냅니다.

5 빼내어 바늘 돌려서 짧은뜨기를 완성했습니다. 다음 코는 앞단의 머리(실 2가닥)에 짧은뜨기를 뜹니다.

6 1~5의 과정을 반복해서 뜹니다.

## ✚ 변형 되돌아 짧은뜨기 (반코 줍기)

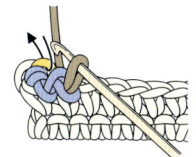
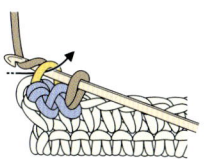
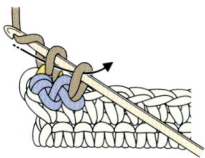

1 겉쪽을 본 채 되돌아가서 뜹니다. 먼저 '한코 줍기'의 1~8과 같은 방법으로 뜹니다. 그다음 화살표의 코에 코바늘을 넣어

2 코바늘에 실을 걸고 빼냅니다.

3 코바늘에 실을 걸고, 코바늘에 걸린 2개의 고리 안으로 한 번에 빼냅니다.

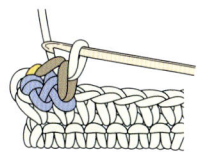
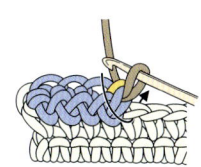

4 변형 되돌아 짧은뜨기를 완성했습니다. 1~3의 과정을 반복합니다.

5 4코를 뜬 모습입니다.

## ✝ 실 돌려서 짧은뜨기

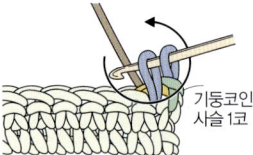

1 기둥코인 사슬 1코를 뜬 뒤, 앞단의 머리(실 2가닥)에 코바늘을 넣고 실을 빼냅니다. 뜨고 있는 실을 뜨개코에 빙 감습니다.

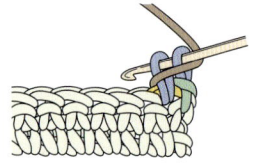

2 실을 돌리는 모습입니다.

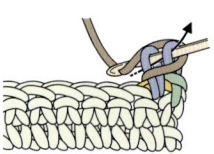

3 코바늘에 실을 걸고, 코바늘에 걸린 2개의 고리 안으로 한 번에 빼냅니다.

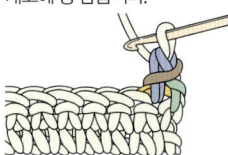

4 실 돌려서 짧은뜨기를 완성했습니다.

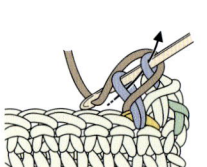

5 2코째도 1~3의 과정을 반복해서 뜹니다.

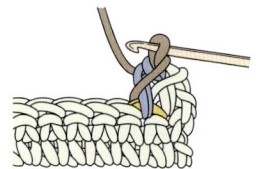

6 2코를 뜬 모습입니다.

# 끈

## 이중사슬뜨기 (빼뜨기)

1 1코를 건너뛰어 사슬코 산에 코바늘을 넣습니다. 코바늘에 실을 걸고, 코바늘에 걸린 2개의 고리 안으로 한 번에 빼냅니다.

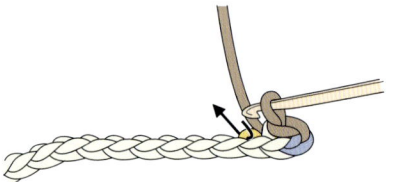

2 2코째도 사슬코 산에 코바늘을 넣습니다.

3 코바늘에 실을 걸고, 코바늘에 걸린 2개의 고리 안으로 한 번에 빼냅니다.

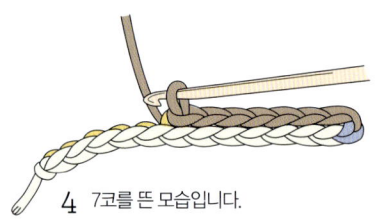

4 7코를 뜬 모습입니다.

## 이중사슬뜨기

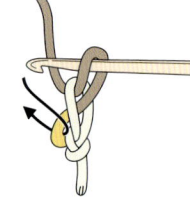

1 사슬뜨기 1코를 뜨고, 사슬코 산에 코바늘을 넣습니다.

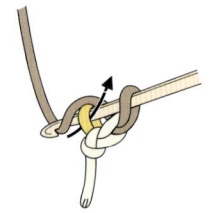

2 코바늘에 실을 걸고, 사슬코 산에서 실을 빼냅니다.

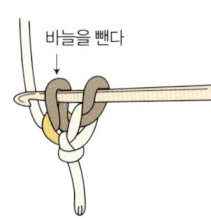

3 떠낸 코(왼쪽 코)에서 일단 코바늘을 뺍니다.

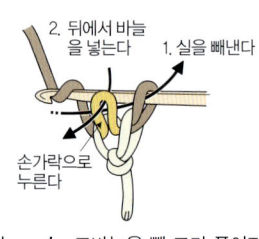

4 코바늘을 뺀 코가 풀어지지 않도록 왼손 손가락으로 누릅니다. 코바늘에 실을 걸고, 코바늘에 걸린 코(오른쪽)에서 실을 빼냅니다.

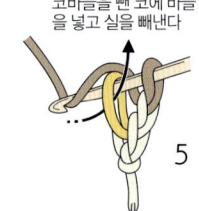

5 코바늘을 뺀 코(왼쪽)에 코바늘을 다시 넣어 코바늘에 실을 걸고 그 코에서 실을 빼냅니다.

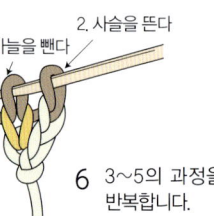

6 3~5의 과정을 반복합니다.

7 4코를 뜬 모습입니다.

## 새우뜨기

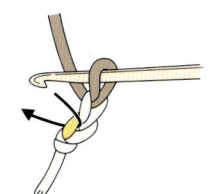 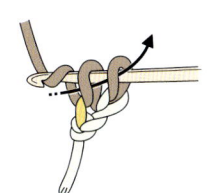 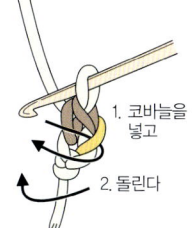 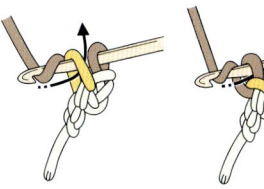

1. 사슬뜨기 2코를 뜨고, 첫 번째 코의 사슬 반코와 코산에 코바늘을 넣습니다.
2. 코바늘에 실을 걸고 빼냅니다. 다시 코바늘에 실을 걸고, 코바늘에 걸린 2개의 고리 안으로 빼냅니다.
3. 화살표의 코에 코바늘을 넣고 고정한 채 뜨개바탕을 돌립니다.
4. 코바늘에 실을 걸고, 바늘 끝에 걸린 1개의 고리 안으로 실을 빼냅니다.
5. 다시 한 번 코바늘에 실을 걸고, 코바늘에 걸린 2개의 고리 안으로 빼냅니다.

 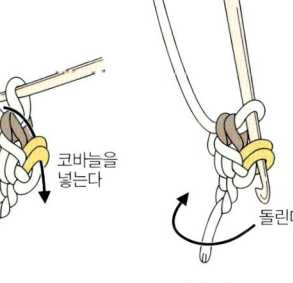 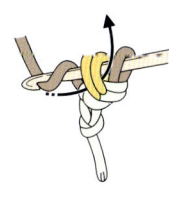 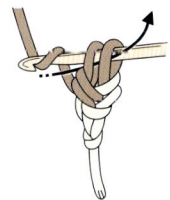 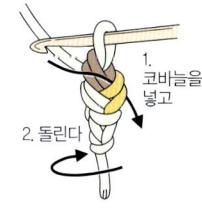

6. 화살표의 실 2가닥에 코바늘을 넣고,
7. 그대로 고정한 채 뜨개바탕을 돌립니다.
8. 코바늘에 실을 걸고, 바늘 끝에 걸린 2개의 고리 안으로 실을 빼냅니다.
9. 다시 한 번 코바늘에 실을 걸고, 코바늘에 걸린 2개의 고리 안으로 빼냅니다.
10. 6~9의 과정을 반복합니다.

## 스레드 끈

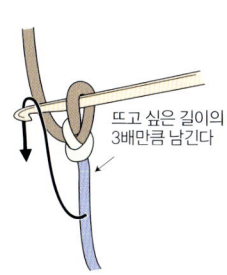 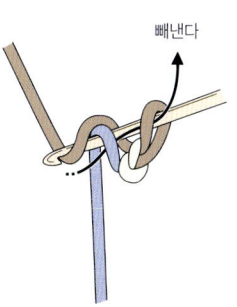 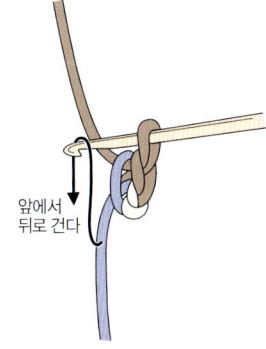

1. 실 끝은 필요한 길이의 약 3배만큼 남기고, 실 끝을 앞에서 뒤로 코바늘에 겁니다.
2. 코바늘에 실을 걸고, 코바늘에 걸린 2개의 고리 안으로 실을 빼냅니다.
3. 다음 코도 실 끝을 앞에서 뒤로 코바늘에 겁니다.

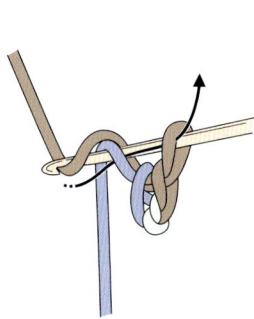 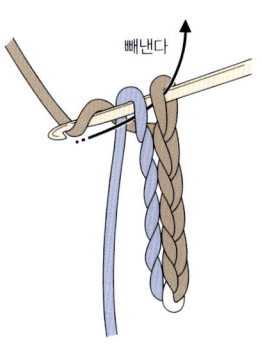

4. 코바늘에 실을 걸고, 코바늘에 걸린 2개의 고리 안으로 실을 빼냅니다.
5. 3, 4의 과정을 반복합니다.

## 손가락으로 만드는 끈

1 필요한 치수보다 약 10배 긴 실을 준비해 실 가운데에서 왼손 검지로 원을 만듭니다. (필요 치수의 5배 / 필요 치수의 5배)

2 그 원에서 실을 빼내 고리를 만듭니다.

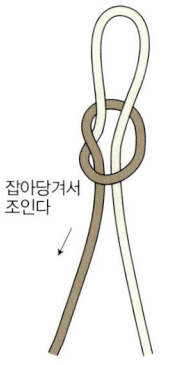

3 매듭지은 실 끝을 잡아당겨서 조입니다.

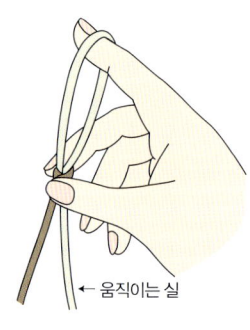

4 오른손에 고리를 걸고 매듭을 잡습니다. (움직이는 실)

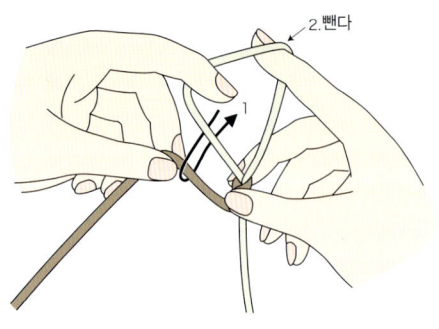

5 왼손으로 왼쪽 실 끝을 잡고, 고리 안으로 왼손 검지를 넣어 왼쪽 실 끝을 끌어올립니다. 오른손에 건 실을 뺍니다.

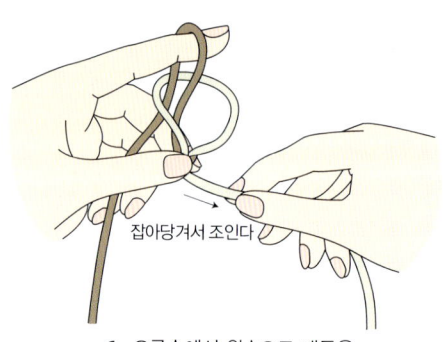

6 오른손에서 왼손으로 매듭을 고쳐 잡고, 오른쪽 실 끝을 잡아당깁니다.

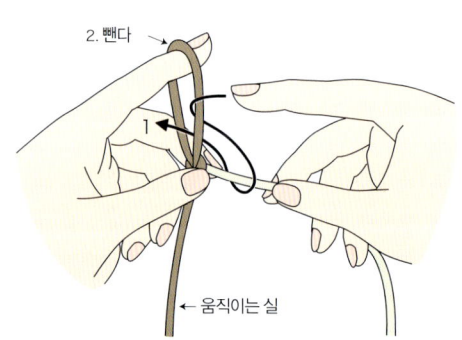

7 고리 안으로 오른손 검지를 넣어 오른쪽 실 끝을 끌어올립니다. 왼손에 건 실을 뺍니다.

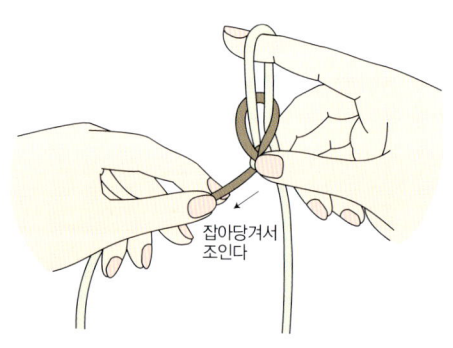

8 왼손에서 오른손으로 매듭을 고쳐 잡고, 왼쪽 실 끝을 잡아당깁니다.

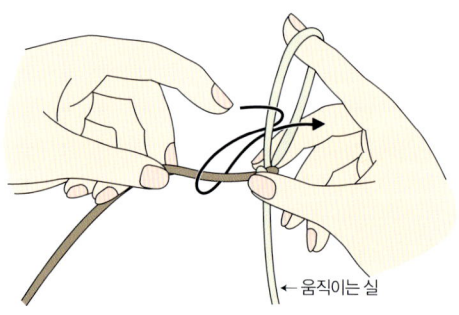

9 5~8의 과정을 반복합니다.

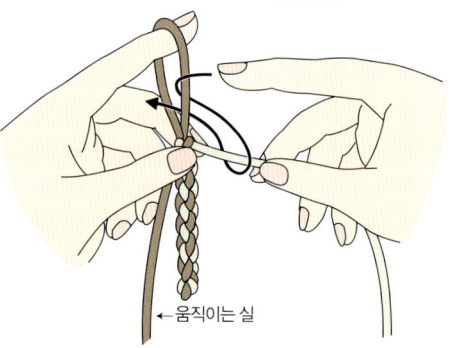

10 조이는 힘을 일정하게 해서 묶습니다.

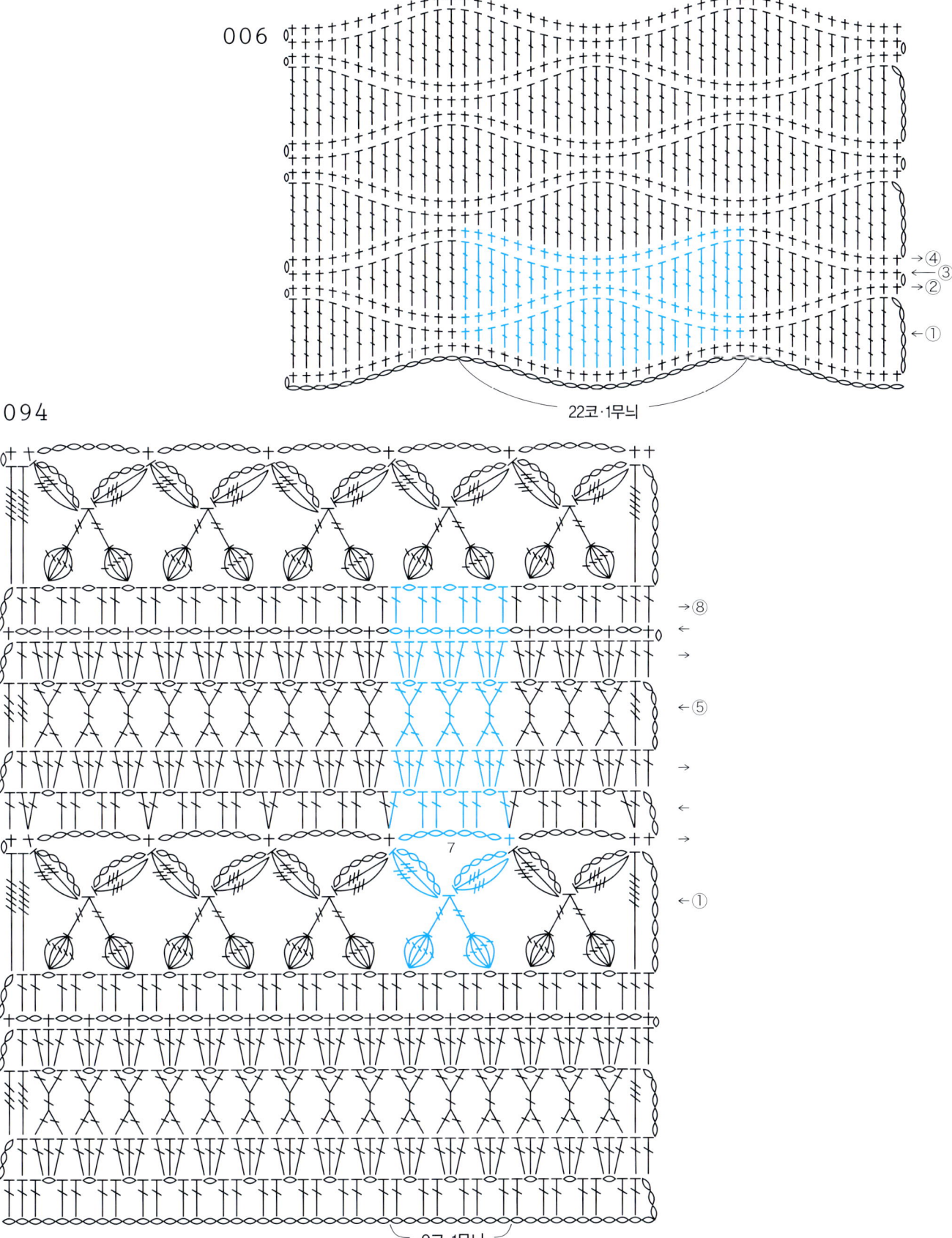

022

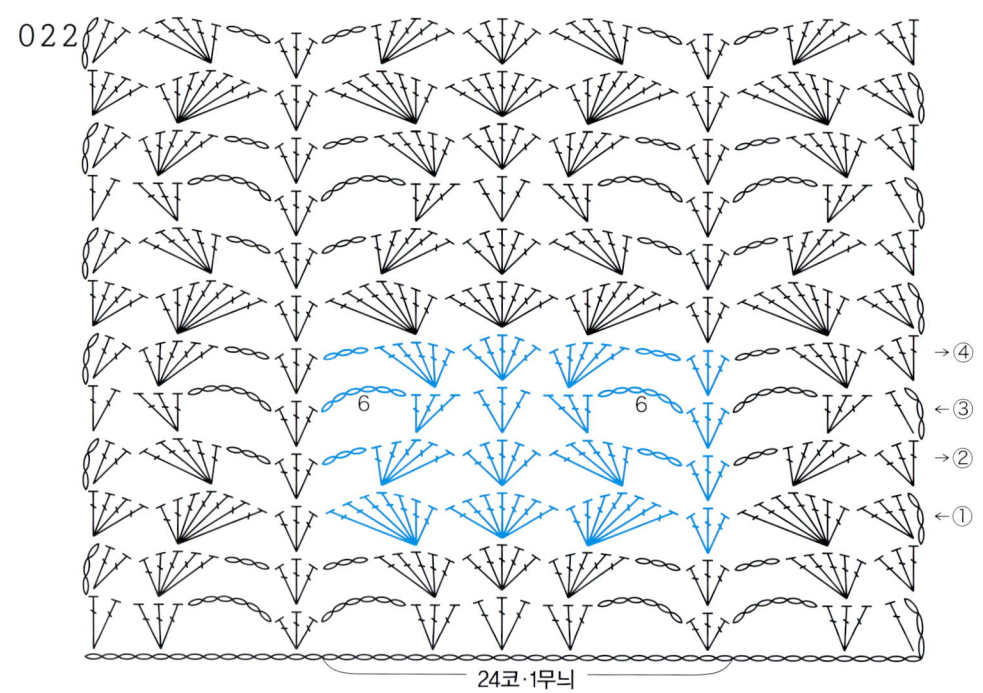

056

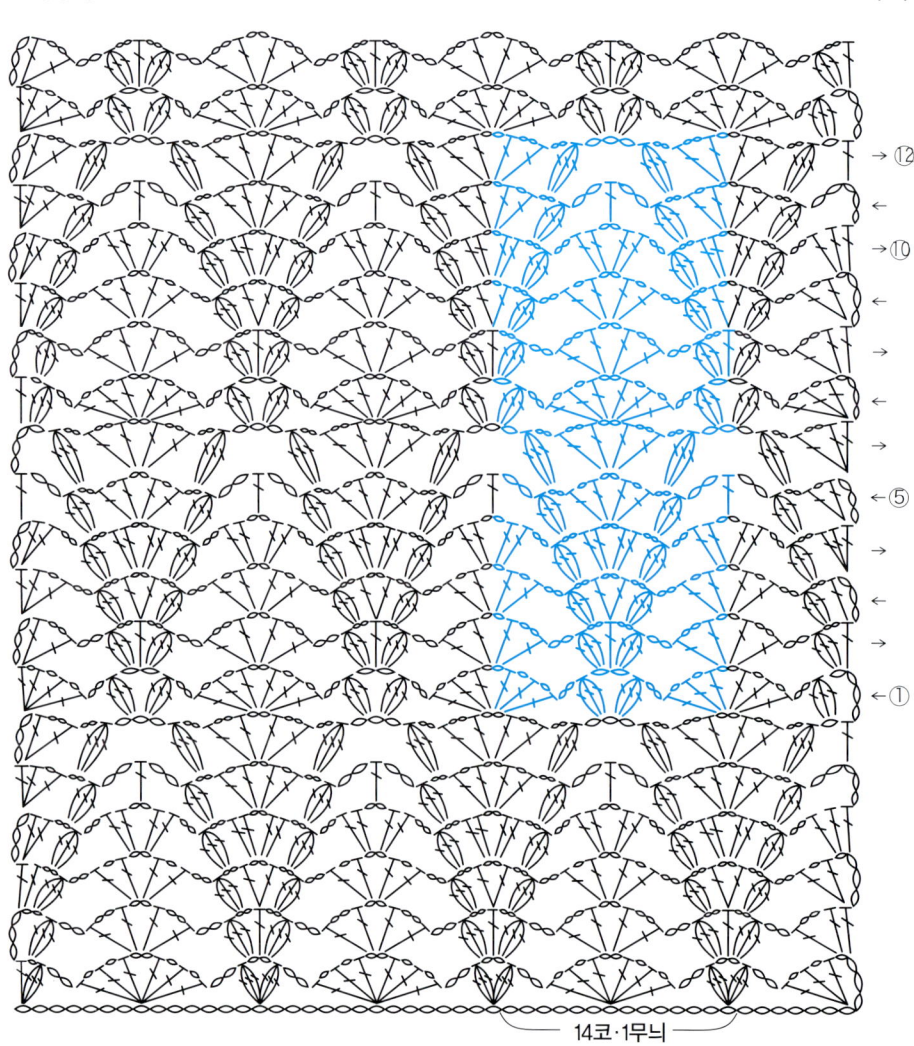

067

12코·1무늬

027

12코·1무늬

086

12코·1무늬

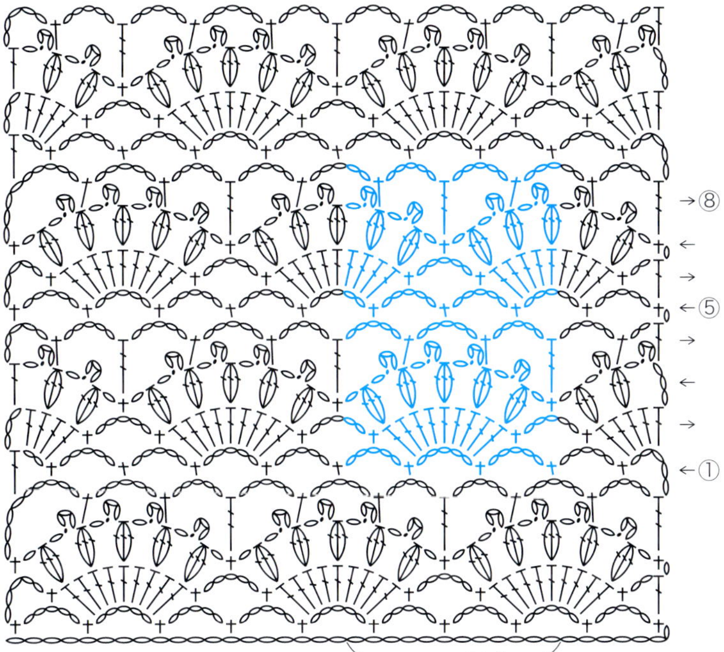

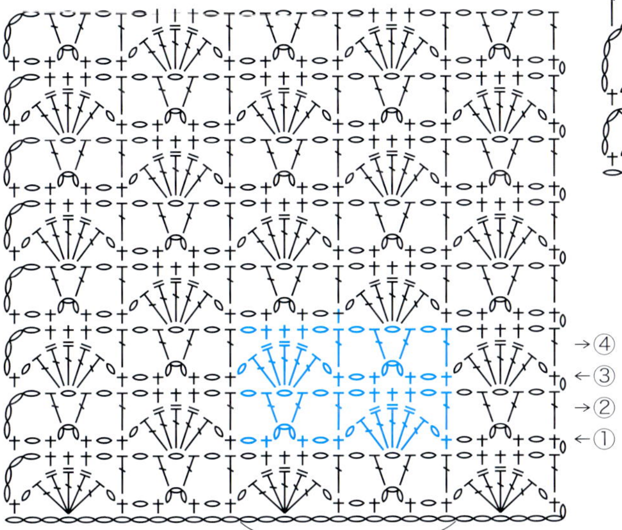

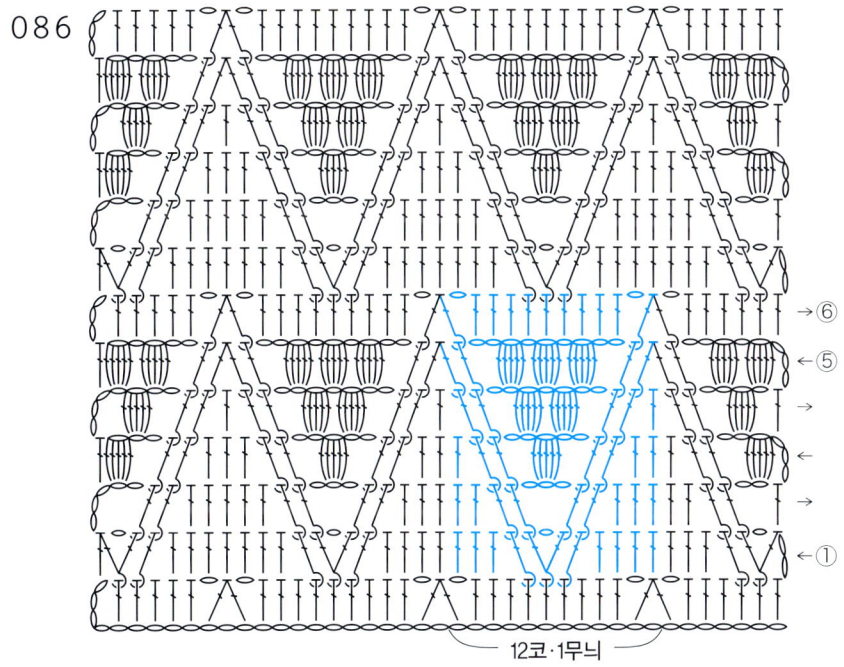

# 색인

## ㄱ
가로로 실을 걸치는 짧은뜨기 배색무늬···95
가로로 실을 걸치는 한길 긴뜨기 배색무늬···96
감아뜨기···87
긴 1코 교차뜨기···65
긴 2코 구슬뜨기(한코에서 뜨기)···46
긴 2코 늘려뜨기(한코에서 줍기)···19
긴 2코 늘려뜨기(코아래에서 줍기)···19
긴 2코 모아뜨기···38
긴 2코 모아뜨기(코아래에서 줍기)···38
긴 2코 변형 구슬뜨기(한코에서 뜨기)···48
긴 3코 구슬 2코 모아뜨기···40
긴 3코 구슬뜨기(한코에서 뜨기)···46
긴 3코 구슬뜨기(짧은뜨기의 다리에서 뜨기)···49
긴 3코 구슬뜨기(코아래에서 줍기)···47
긴 3코 늘려뜨기(한코에서 줍기)···19
긴 3코 늘려뜨기(코아래에서 줍기)···19
긴 3코 모아뜨기···39
긴 3코 모아뜨기(코아래에서 줍기)···39
긴 3코 변형 구슬뜨기(한코에서 뜨기)···48
긴 3코 변형 구슬뜨기(코아래에서 줍기)···48
긴 5코 팝콘뜨기(한코에서 뜨기)···55
긴 뒤걸어뜨기···73
긴 앞걸어뜨기···72
긴 줄기뜨기···28
긴뜨기···11

## ㄴ
네길 긴뜨기···13

## ㄷ
다리가 달린 한길 긴 5코 구슬뜨기···82
되돌아 짧은뜨기···102
두길 긴 1코 교차뜨기···66
두길 긴 5코 구슬뜨기(한코에서 뜨기)···48
두길 긴 5코 팝콘뜨기(한코에서 뜨기)···54
두길 긴 X자뜨기···82
두길 긴 앞걸어 2코 모아뜨기···75
두길 긴뜨기···12

## ㅂ
바늘 돌려서 짧은뜨기···103
배색실 바꾸는 방법···94
변형 되돌아 짧은뜨기(반코 줍기)···103
변형 되돌아 짧은뜨기(한코 줍기)···102
변형 한길 긴 1코 교차뜨기(오른코 뒤)···66
변형 한길 긴 1코 교차뜨기(왼코 뒤)···66
변형 한길 긴 1코와 3코 교차뜨기(오른코 뒤)···67
변형 한길 긴 1코와 3코 교차뜨기(왼코 뒤)···67
비즈를 넣어 뜨는 방법···89
빼내어 바늘 돌려서 짧은뜨기···103
빼뜨기···10
빼뜨기의 피코뜨기···60
빼뜨기의 피코뜨기(사슬뜨기 가운데에서 뜨기)···61
빼뜨기의 피코뜨기(솔잎뜨기 가운데의 한길 긴뜨기에서 뜨기)···60
빼뜨기의 피코뜨기(한길 긴뜨기에서 뜨기)···61

## ㅅ
사슬뜨기···10
삼각뜨기···82
새우뜨기···105
세길 긴뜨기···13
세로로 실을 걸치는 한길 긴뜨기 배색무늬···97
손가락으로 만드는 끈···106
스레드 끈···105
실 돌려서 짧은뜨기···104

## ㅇ
역Y자뜨기···80
역Y자와 Y자 조합···83
이중사슬뜨기···104
이중사슬뜨기(빼뜨기)···104

## ㅈ
짧은 2코 늘려뜨기(한코에서 주워 사이에 사슬 1코 뜨기)···18
짧은 2코 늘려뜨기(한코에서)···18
짧은 2코 늘려뜨기(코아래에서 주워 사이에 사슬 1코 뜨기)···18
짧은 2코 모아뜨기···38
짧은 3코 늘려뜨기···18

짧은 3코 모아뜨기(가운데 코 건너뜨기)···39
짧은 3코 모아뜨기(가운데 코 뜨기)···39
짧은 뒤걸어뜨기···73
짧은 링뜨기···88
짧은 앞걸어뜨기···72
짧은 이랑뜨기·줄기뜨기···28
짧은 피코뜨기···61
짧은뜨기···11

## ㅊ

칠보뜨기···87

## ㅍ

피코뜨기···60

## ㅎ

한길 긴 1코 교차뜨기···65
한길 긴 1코 교차뜨기(사이에 사슬 1코 뜨기)···65
한길 긴 2코 구슬 2코 모아뜨기···40
한길 긴 2코 구슬뜨기(한코에서 뜨기)···46
한길 긴 2코 늘려뜨기(한코에서 주워 사이에 사슬 1코 뜨기)···20
한길 긴 2코 늘려뜨기(한코에서 줍기)···20
한길 긴 2코 늘려뜨기(코아래에서 주워 사이에 사슬 1코 뜨기)···21
한길 긴 2코 늘려뜨기(코아래에서 줍기)···21
한길 긴 2코 모아뜨기···38
한길 긴 2코 모아뜨기···41
한길 긴 2코 모아뜨기(코아래에서 줍기)···38
한길 긴 3코 구슬 2코 모아뜨기···41
한길 긴 3코 구슬뜨기(한코에서 뜨기)···46
한길 긴 3코 구슬뜨기(짧은뜨기의 다리에서 뜨기)···49
한길 긴 3코 구슬뜨기(코아래에서 줍기)···47
한길 긴 3코 늘려뜨기(한코에서 줍기)···20
한길 긴 3코 늘려뜨기(코아래에서 줍기)···21
한길 긴 3코 모아뜨기···39
한길 긴 3코 모아뜨기(코아래에서 줍기)···39
한길 긴 4코 늘려뜨기(한코에서 주워 사이에 사슬 1코 뜨기) = 조개뜨기···26
한길 긴 4코 늘려뜨기(짧은뜨기와 같은 코에서 뜨기) = 솔잎뜨기 응용···26
한길 긴 4코 늘려뜨기(짧은뜨기의 다리에 뜨기) = 솔잎뜨기 응용···27
한길 긴 4코 늘려뜨기(코아래에서 주워 사이에 사슬 1코 뜨기) = 조개뜨기···27

한길 긴 4코 모아뜨기···40
한길 긴 5코 구슬뜨기(한코에서 뜨기)···46
한길 긴 5코 구슬뜨기(코아래에서 줍기)···47
한길 긴 5코 늘려뜨기(한코에서 뜨기) = 솔잎뜨기···26
한길 긴 5코 늘려뜨기(코아래에서 줍기) = 솔잎뜨기···27
한길 긴 5코 모아뜨기···41
한길 긴 5코 팝콘뜨기(한코에서 뜨기)···54
한길 긴 5코 팝콘뜨기(코아래에서 줍기)···55
한길 긴 6코 늘려뜨기(코아래에서 주워 사이에 사슬 2코 뜨기) = 조개뜨기···28
한길 긴 X자뜨기···81
한길 긴 뒤걸어뜨기···73
한길 긴 링뜨기···88
한길 긴 앞걸어 1코 교차뜨기(사이에 사슬 1코 뜨기)···74
한길 긴 앞걸어 2코 늘려뜨기···75
한길 긴 앞걸어 2코 모아뜨기···74
한길 긴 앞걸어뜨기···72
한길 긴 줄기뜨기···28
한길 긴뜨기···12

## 기타

Y자뜨기···80

ICHIBAN YOKU WAKARU KAGIBARI AMI NO AMIME KIGO 118 TO MOYO AMI 123(NV70142)
Copyright © NIHON VOGUE-SHA 2012
All rights reserved.
First published in Japan in 2012 by Nihon Vogue Co., Ltd.
Photographer: Noriaki Moriya
Designers of the projects of this book: Takasumi Ohta, Makiko Okamoto, Kazekobo, Hitomi Shida, Jun Shibata,
Atsuko Takeda, Mitsuharu Hirose, Sakiko Honma, Mikiko Mogi, Junko Yokoyama

This Korean edition is published by arrangement with Nihon Vogue Co., Ltd, Tokyo
in care of Tuttle-Mori Agency, Inc., Tokyo through Botong Agency, Seoul.

이 책의 한국어판 저작권은 보통에이전시를 통한 저작권자와의 독점 계약으로 한스미디어가 소유합니다.
신 저작권법에 의하여 한국 내에서 보호를 받는 저작물이므로 무단전재와 무단복제를 금합니다.

쉽게 배우는
## 코바늘 손뜨개 무늬 123

1판 1쇄 발행 | 2013년 2월 22일
1판 7쇄 발행 | 2025년 4월 15일

지은이 일본보그사 편
옮긴이 배혜영
감  수 김영희
펴낸이 김기옥

라이프스타일팀 이나리, 장윤선
마케터 이지수
지원 고광현, 김형식

디자인 푸른나무디자인
인쇄·제본 민언프린텍

펴낸곳 한스미디어(한즈미디어(주))
주소 121-839 서울시 마포구 양화로 11길 13(서교동, 강원빌딩 5층)
전화 02-707-0337 | 팩스 02-707-0198 | 홈페이지 www.hansmedia.com
출판신고번호 제 313-2003-227호 | 신고일자 2003년 6월 25일

ISBN 978-89-5975-518-9  13590

책값은 뒤표지에 있습니다.
잘못 만들어진 책은 구입하신 서점에서 교환해 드립니다.